カロリング帝国の統一と分割

カロリング帝国の統一と分割

――ニタルトの『歴史四巻』――

ニタルト著／岩村清太訳

知泉書館

訳者まえがき

1　本訳書の表題と重要性

本訳書の表題は、種々の中世ラテン著作集では伝統的に『ニタルトの歴史四巻』（Nithardi Historiarum libri IIII）と呼ばれ、現代語訳では『ニタルトの歴史四巻』（J. von Jasmund, Nithards vier Bücher geschichten, 1851）あるいは詳しく『ルートヴィヒ敬虔帝皇子たちの歴史』（Ph. Lauer, Histoire des fils de Luis le Pieux, Paris 1926）とされているが、本訳書では、その「歴史」の具体的内容とその展開を導く原理を示すものとして『カロリング帝国の統一と分割』とした。

カール大帝から長子ルートヴィヒ敬虔帝への帝国の継承には帝国の統一（一体性（unitas））という点では問題はなかった。敬虔帝はカール大帝の唯一の後継者であったことに加えて、すでに大帝の死の前年（八一三年）から共同統治者であったからである。しかしそのルートヴィヒの後継者は複数であり、ここでカロリング帝国の継承における統一と分割の問題が持ち上がった。

ルートヴィヒ敬虔帝は、登位から三年目に、帝国におけるそれまでの種々の改革を完結するための重要な決定をした。かれは帝国の統一を維持するため、カール大帝が統治末期にそうしたように、長子ロタールに帝位継承権を与えると同時にかれを共同統治者にした。その理由は明確ではないが、おそらく自分がアーヘンの宮廷で突如として事故死の危険に見舞われたこともあって、そのような場合、父祖伝来の慣習に従うべき皇子たちが継承争いを起こすことを恐れたからであろうか。かれは「帝国整備令」（Ordinatio imperii, 八一七年）の序においてこの慣習を想起させ、「皇子たちは、帝国の分割において、神がわれわれのために残してくれた帝国の統一を破棄することがあってはならない」と述べ、それまでフランク族にはなかった長子権を設けて年長のロタールを帝位につけ、他の皇子たちには王の称号を与え、ピピンはアクイタニア王に、ルートヴィヒ二世はババリア王に任じ、同時に後者ふたりは長子ロタールの権威の下にあるとした。もし兄弟のうちだれかが死亡した場合、その男子があとを継ぎ、子どもがなかった場合は、ロタールがその王国を継ぐとした。またもしロタールが死去した場合、家臣たちは残りのふたりの兄弟のひとりをその後継者として選出するとした。こうして、敬虔帝は帝国の分裂を防ごうとしたのであった。しかしこの「帝国整備令」による決定を、ロタール以外の皇子ふたりとその家臣たち全部が心から受け入れたわけではなかった。

この皇子たちの不満をさらに掻き立て、とくに長子ロタールを不安にしたのは、ルートヴィヒ敬虔帝がユディトとの再婚から生まれたカール（のちの禿頭王）にも領地を与えようとして、先に三人の皇子に分与した領地の見直しを求め、さらには優遇しようとさえしたことであった。そこでまずロタールが他の二人の皇子とともに父敬虔帝に反抗して継承問題を複雑化させ、敬虔帝なきあとは、ロタール対ルートヴィヒ・ババリア王とカール禿頭王という皇子同士の争いとなり、その果てにヴェルダン条約（八四三年）、メルセン条約（八七〇、八七九─八八〇、八八八年）を経て、今日の西ヨーロッパの中心を成すイタリア、ドイツ、フランス三国の原型がその姿を見せたのであった。

こうしたカロリング帝国の分割における血生臭い現実を詳しく伝えてくれる基本的史料のひとつが、ここに訳出したニタルトの著作である。現実的、描写的にカロリング帝国の継承問題を伝えるとはいっても、ニタルトもまた、カール大帝下における帝国の統一（一体性）とそれに伴う民族の和平と幸福、これとは対照的なルートヴィヒ敬虔帝後の帝国の分割（分裂）とそれによって惹起される人民の不和、不幸、さらには天変地異という構想のもとに記しているように思われる。

このように、中世ヨーロッパの新たな歴史的展開と近代ヨーロッパ形成の歴史に基本的な役割を果たす本訳書であるが、しかし本書があまり注目されず、邦訳もされなかったのにはそれなりのわけがあろう。本書は、著者ニタルトが戦場において不意の死を遂げたため短期間の叙述に終り、未完のままに残されたこと、またニタルトは本書の執筆を依頼したカール禿頭王の意向に沿い、かれに加担するような偏向が認められるなど、史料としての本書の価値に疑念を抱かせるような要素があることもたしかである。しかし、われわれは著者ニタルトの生涯を詳細に検討することにより、またとくにかれの『歴史』の内容を詳細に読み直すことによって、あらためてかれが当時のカロリング家紛争の渦中にあり、その最大の関与者、目撃証人であることを確認するとき、かれの『歴史』には第一級の史料としての価値があることを認めざるをえないのではなかろうか。

2　ニタルトの生涯

ニタルトの父アンギルベルト（Angilbertus, Anghilbertus, あるいは Angelpertus, Engelberhtus, 740/750–814）は、フランクの貴族で、子どもの頃からピピン短躯王の宮廷においてのちのカール大帝とともに育てられ、ピサのペトルス、アクイレイアのパウリヌス、とくにアルクインを師として古典教養を身に付けた代表的なカロリング教養人のひとりであった。かれは生涯、カール大帝と親交を結び、四歳にしてイタリア王となったピピンの師傅となり、七八七年以降はカール大帝の「宮廷アカデミー」において「ホメロス」と渾名されるほどの高名な詩人として活躍し、多くの詩文を残している。かれはまた宮廷聖堂の主席参事会々員（剃髪は受けたが、司祭職には就いていない）、すぐれた外交官で、かの有名な『カロリング文書』（Libri carolini）を教皇に持参するなど数回にわたってローマ教皇へのカロリング朝の使節として重要な交渉をまとめている。これらの功績により、七九〇年ケントゥラ（Centula）（サン・リキエ修道院）の俗人修道院長となっている。宮廷にいた頃のアンギルベルトは、師アルクインに諌められるほどの自由奔放な生活を送り、カール大帝の娘ベルタとの間にふたりの子どもをもうけている。

しかし修道院に移ってからは修道者にあやかった熱心な生活に入り、修道院の物的、霊的発展に努め、とくに二〇〇巻余の書籍をもつ図書館の併設は特記すべきである。かれはカール大帝によって遺言状の執行人に任命されたが、大帝の死から二十日後にそのあとを追っている(1)。

一方ニタルトの母は、先にふれたカール大帝の愛娘のひとりベルタ（Bertha）である(2)。かの女は、大帝の意向により男子と同じく自由学科を学び、カロリング期に再興された古典的一般教養を身に付けていたと思われる。かの女は宮廷にいたころのアンギルベルトと親しくなり、結婚しないまま——カール大帝は娘たちを愛するあまりかの女たちの結婚を許さなかった（事後、承認されたという説もあるが）——ハルトニトとニタルトの兄弟を生んでいる。従ってニタルトは、かれの『歴史』においていずれも主役を果たすカール禿頭王、ババリア王ルートヴィヒ（二世）、ロタール（一世）、またアクイタニアのピピンとは従兄弟で、カロリング家内抗争を生々しく伝えうる立場にあった(3)。

ニタルトが生まれたのは、一説には八〇〇年頃であると言われているが定かではない。かれは、その両親の身分から考えて、おそらく宮廷において両親と同じくれっきとした古典教養を修めていたことは明らかである。それは、かれの『歴史』における確かなラテン語の用法、多様な古典への無意識的言及(4)、聖書の引用などに明らかであり、とりわけカール禿頭王が、カロリング家のもっとも危機的、決定的な紛争について確実な記録を依頼したこと自体が何よりの証左である。

ニタルトは、皇子間の抗争においてカール禿頭王の側につき、戦士として、また重立った顧問として働き、きわめて複雑かつ微妙な使命を果たしている。いつ果てるとも知れない兄弟間の紛争に巻き込まれ、かれら同士の策略、戦に翻弄され疲労困憊したのであろうか、八四三年には父アンギルベルトに倣い、カール大帝のもうひとりの娘の子リクボドが修道者修道院長であったサン・リキエ修道院の俗人修道院長として隠退している。しかしかれは戦士としての職務を放棄することなく、サン・リキエに就任して間もなく、トゥルーズの攻囲戦においてカール禿頭王を援助しようとし、それを阻止するアクイタニアのピピン二世とアグー川岸で戦い、八四四年六月一四日アングーレームの近くで殺害されている（その時、かれはたしかに四〇歳を超えていたと思われる）。修道院長リクボド、またカール大帝の婚外子でサン・カンタンの修道院長であったフーゴ、その他多くの領主たちもかれとともに討ち死にしている[5]。

かれと同時代のサン・リキエ修道院の詩人で、ニタルトの死から数年後（八五三年）に死んだミコン（Micon）が作詩したかれの墓碑銘が残されている。それによると、ニタルトは鋭敏な洞察力に恵まれ、聖なる学問に明るく、尊大な人物（ロタールとその仲間たち）に対しては不屈で、温和な人々に対しては謙虚であった。また修道院長職にあったのはわずかの時日であったが、かれは自分に託された群（サン・リキエの修道者たち）に対しては柔和であった。また十一世紀末に活躍していた歴史家ハリウルフ（Hariulf）は、ニタルトがその父親と並んで埋葬されたこと、そして父親の遺骸が教会のなかに改葬されたとき（当初、謙遜のしるしとして、人々が踏みしめる教会の入り口に埋葬されていた）、ニタルトの遺骨はアンギルベルトが葬られていた古い墓に移されたことを伝えている。実際、修道院長ゲルヴァジオは、かつてアンギルベルトが収められていた石棺のなかに、塩漬けにされたニタルトの遺骸を入れた皮張りの木棺があったのを見ている。またかれは、ニタルトの頭部にはその死因となった傷の跡があったと指摘している。(6)

ここで訳出されたニタルトの書は、当初、『ニタルトの歴史四巻』（Nithardi historiarum libri IIII）という題名で、特別な説明的表題なしの写本として伝えられた。それは、本書が著者の急死によって未完のまま残されたことと無関係ではないであろう。したがって、中世においてはごく限られた人物、地方を除いてほとんど読まれず、また引用されることもなく、一〇世紀には、ただひとつの写本が残されていたようである。一六世紀初頭になって、人文学者ポール・ペトー（Paul Petau）がそれを入手し、かれの子息がスウェーデンのルネサンスに尽くしたクリスチナ女王に献呈している。そしてフランス革命中の一七九七年、女王の他の書とともにパリに移され、一八一五年それらの書のあらたな目録が作成されて以来、フランスのみならず中世ヨーロッパの歴史に重要な書として位置づけられている。

二〇世紀以降のニタルトの書の原典校訂版としては、Ernest Müller による Nithardi historiarum libri IIII. 3e éd. (MGH. Script. rer. Germ., 1907) と、Ph. Lauer, Nithard, Histoire des fils de Loius le Pieux (Les classiques de l'histoire de France au Moyen Age VII), Paris 1926, réimp. 1964 が注目に値する。後者の Lauer はラテン原文の種々の写本を参照して原文の校訂につとめ、かつフランス語訳を作成し、簡単な注釈を加えている。本訳書においては、年代の新しさから見て、Ph. Lauer による校訂版をもとに訳出し、またそこでの注釈の多くを採用させていただいた。なお参考文献として、Ph. Lauer, Nithard, Histoire des fils de Louis le Pieux, Paris, 1964, p. xv-xvi; F. Brunhölzl, Histoire de la littérature du Moyen Age (Geschichte der lateinischen Literatur des Mittelalters), I-2, Louvain-la-Neuve, 1975, pp. 152-155, 299; A.Onnerfors, In Nithardi Historiarum Libros Annotatiunculae, Frestschrift für F. Brunhölzl, éd. par G. Bernt, F. Rädler, G.Silagi, Sigmaringen, 1989, p. 75-84——Wittenbach-Levison III, 1957, p. 353-357 をあげておく。

いつもながら知泉書館社長小山光夫氏、高野文子氏にはお世話になった。とくに高野氏には、ご多忙のなか、ニタルト関係の史料、研究論文の蒐集にはとくにご迷惑をおかけした。重ねて、深くお礼を申し上げたい。

二〇一六年二月

岩村清太

目　次

カロリング帝国の統一と分割

――『ニタルトの歴史四巻』――

序　言

陛下[1]、陛下ご自身よくご承知のとおり、陛下のご兄弟〔ロタール〕による全く不当な迫害を受けられてからすでにほぼ二年経ったあと、陛下と臣下の私たちがシャーロンの町に攻め入るまえ[2]、陛下は、陛下の時代に起こった出来事を後世の人々のために書き留めておくよう私にお命じになりました。告白しますと、これほど重大な使命をふさわしく遂行するための余暇が私にあったならば、それは私にとって心楽しくかつ容易なことであったことでしょう。しかし今となっては、陛下と臣下の方々はかくも壮大な事業を誤解させる不適切な欠落あるいは卑俗なことが何か含まれていることにお気づきになられたとしても、この任務を遂行中の私が陛下と同じ動乱に翻弄されたことをご存知であるだけに平にご容赦下さいますように。

　私は、陛下の敬虔な父君[3]のころ起こったことは省略しようかとも考えましたが、しかしかれのご存命中に起こった事柄を簡潔に振り返ることによって、すべての読者にとり陛下とご兄弟との不和の真相はいっそう明らかになることでしょう。さらに、陛下の祖父(4)の畏敬する思い出について一言もふれずに済ますことは許されないことと思われます。したがって、かれの治世から書き起こすことにします。

第一巻　兄弟間の不和の起源（八一四―八四〇年）

（1）至福のうちに追憶され、すべての民族によって正当にも大帝と称えられたカールは、満ち足りた老年を送ったあと、午前九時ごろ他界し、(1)幸せに満たされたヨーロッパ全土を後に残した。実際、かれは最大の英知と美徳をもって当時の人々に抜きん出たお方で、全世界の住人にとり恐るべき人物であると同時に優しく、感嘆すべき人物であった。そのためかれの全治世は、万人が認めているようにすべての点で輝かしく人々に益するものであった。私が何にもまして注目に値すると思うことは、ローマ人の力をもってしても服従させえなかったフランク人や野蛮な人々の残忍かつ冷酷な心をかれだけが節度ある畏怖をもって制御することに成功し、かれらが人々のためにならないことは一切、公然と行うことのないように抑え込んだことである。かれは、実り豊かに三二年間統治し、一四年間、大いなる幸せのうちに帝国の手綱をとった。(2)

（2）　かくも偉大な皇帝の後を継いだのが、正式の結婚から生まれ、生き残っていた末子ルートヴィヒ〔敬虔帝〕であった(3)。かれは、父皇帝逝去の知らせを受けるとすぐにアクイタニアを発ってアーヘンに赴いた。かれはそこで、あらゆる地方から自分のもとにやって来た部族をなんらの支障もなく支配下に受け入れ、忠誠心が疑わしいと思われるものについては様子を見ることにした。

かれは統治を始めるにあたって、父皇帝が残してくれた莫大な量の貨幣を三分するように命じ、ひとつは葬儀の費用に当て、他の二つは正式の結婚から生まれた姉妹たちと分け合い(4)、かの女たちには宮廷を出て修道院に入るように強く求めた。そして年少の〔異母弟〕ドロゴ、フーゴ、テオデリクには王と食卓をともにすることを許し(5)、宮廷において自分とともに生活するように命じ、ピピン〔八一〇年没〕の子で、自分の甥にあたるベルナルドにはイタリア王国を譲渡した(6)。このベルナルドは、それから少し経ってかれに背き、リヨン地方〔伯領〕の総督ベルトムンドによって捕えられ、眼球を潰されて命を落とした。そこでルートヴィヒ〔敬虔帝〕は、先述した兄弟たちがかれの例に倣い民衆を唆すことを恐れ、かれらに公の集会に出席するように命じ、その頭髪を剃り修道院に軟禁した(7)。

こうしたあと、かれ〔敬虔帝〕は皇子たちを正式に結婚させ、(8)帝国全土をそれぞれに分け与えた。こうしてピピンにはアクイタニアを、ルートヴィヒ〔二世、ババリア王〕にはババリア地方を与え、ロタールには、自分とともに皇帝の称号を保持させ、自分の死後は帝国全土を継ぐことを認めた。(9)

そうしている間に、皇子たちの母であったイルメンガルデが死去し〔八一八年〕、(10)しばらくしてルートヴィヒはユディトと再婚し〔八一九年〕、カール〔禿頭王〕が生まれた〔八二三年〕。

(3) カールが生まれたところで、すでに帝国全土を皇子たちに分け与えていたルートヴィヒはこの子のために何をしたものかと思案した。かれは悩んだ後、この子〔カール〕のために皇子たちに懇請した。やっと、ロタールは父皇帝が望む通りに帝国の一部をカールに与えることに同意し、誓約をもってそれを確認し、以後カールの後見人となりすべての敵からかれを守ることを固く誓った。しかしフーゴ(11)の娘をめとっていたロタールは、フーゴ、マトフリド(12)その他何人かに唆され、遅まきながら先に約束したことを後悔し、それをどのようにして取り消そうかと思い巡らした。

しかもかれ〔ロタール〕は、それを〔カールの〕両親に全く隠さなかった。こうしてロタールは、父皇帝が決めたことに表立っては反対しないものの密かにこれを覆そうとした。そこでルートヴィヒは、ベルナルドとかいうセプティマニアの公に頼ろうとして、かれを家令〔宮廷財宝係〕として任命し、またカールをかれに委ね、帝国において自分に次ぐ第二の地位を与えた〔八二九年〕。しかしベルナルドは帝国内における権能を意のままに乱用し、安定させるべきはずのものをむしろ徹底的に混乱させた(13)。

そのころ、アラマニア地方が勅令によってカールに与えられた(14)。そこでロタールはついに、帝国の再興というもっともらしい口実のもとに兄弟たちと全民族を扇動した〔八三〇年〕。こうして、かれら〔三兄弟〕は民全体を率いてコンピエーニュにいた父皇帝を不意に襲い〔八三〇年四月〕、女王には修道院入りを強要し、その兄弟コンラドとロドルフは剃髪させてアクイタニアに移し、ピピンの手に委ねた(15)。一方、ベルナルドは逃亡し、セプティマニアに難を避けた。その兄弟エリベルトは逮捕されて視力を奪われ、イタリアに送られ監禁された。こうしてロタールは権力を手に入れ、父皇帝とカールを〔修道院に〕軟禁したのであった(16)。かれは修道者たちに対し、カールとともに生活しつつ修道生活について手ほどきを与え、修道者の道を選ばせるように命じた。

各自が我欲に駆られて自分の利益を求め、帝国は日毎に衰退していった。そのため、上述した修道者たちのほか先の所業を遺憾に思う人々は皇帝に対し、かれが権力を回復した暁には全力を挙げて帝国を復興させ、とくに、すべての秩序を保証し維持させる神への礼拝を振興する意志があるか否かを尋ねた。皇帝が喜んでこのことを受け入れたので、間もなくかれの復位が認められた。そこで皇帝はグントバルドという修道者を使者として立て、宗教関係の用事に見せ掛けて皇子ピピンとルートヴィヒのもとに密かに送り、もしかれらが自分に権力を回復させようとする人々に加わろうと望むならば、ふたりの領地を拡大するという約束を提示した。これに対してふたりはすぐさま、喜んでこれを受け入れた。そして集会が開かれ、女王とその兄弟たちは父皇帝のもとに戻され(17)、民全体が皇帝の支配に服することになった。一方、ロタールとともに陰謀を企てた人々は、ロタール自身によって裁判にかけられて死刑の判決を受け、のち恩赦を与えられ国外に追放された。ロタール自身は、イタリアだけで満足せざるをえず、王国内においては父皇帝の意志以外のことは何も行わないことを条件に立ち去ることを許された(18)。

こうしたことがあったあと、帝国の権威は少し息を吹き返したように見えたが、先に述べた修道者グントバルドは、皇帝の復位に大いに貢献したとして帝国における第二の地位に就くことを要求した。ところで、これも先述したが、かつてこの地位にあったベルナルドも再びこれを手に入れようとして多くの策略を弄していた(19)。さらに、ピピンとルートヴィヒは、約束通りそれぞれの領地を拡大してもらったにも拘わらず、ふたりとも父皇帝に次いで帝国内における第一人者になろうとして争っていた。しかし当時、帝権を支えていた人々はかれらの要求に反対であった。

（4） 同じころ、アクイタニアはピピンから取り上げられ、カールに与えられた。民の主だった人々は父皇帝の考えを支持し、カールに対し忠誠を誓った〔八三二年〕。これに対し、先に挙げた人々は帝権が乱用されているとして大いに不満を募らせ、公正な統治を目指すふりをして民衆を唆した。かれらは、ヴァラ、エリザカール、マトフリド[20]、その他、国外に追放され監禁されていたすべてのものを解放し、またロタールに対し帝権を奪い取るように迫った。さらにかれらは、同じ口実のもとに、ローマ教皇グレゴリウスを拝み倒して味方に付け、その権力の庇護のもとに自分たちの願望をより容易に達成しようとした[21]。

そこで、皇帝は自分に忠実に付き従う帝国内のすべてのものを引き連れ、一方、三人の王つまり三人の皇子たちは大軍を率いて皇帝に立ち向かい、また教皇グレゴリウスは多くのローマ人に付き添われ、こうしてかれらはアルザスで落ち合い、シゴルスヴァルト山の近くに陣取った[22]。皇子たちは、民衆を父皇帝から引き離そうとして様々な圧力を加えた。そして、ついに若干のものが皇帝から離反し、皇帝はごく僅かのものとともに捕えられた。皇后は皇帝から引き離されてロンバルディア地方に追放され、カールは父皇帝とともに厳しい監視下におかれた〔八三三年〕[23]。

そのため、教皇グレゴリウスはこの度の移動を後悔しつつ予定より後れてローマに戻った。一方いとも容易に、再度、不正に帝権を奪い取ったロタールは、奪取したときよりもさらに容易に再度それを失ったが、それは当然のことであった。ピピンとルートヴィヒは、ロタールが全帝国を独占し自分たちをより低い地位におこうとしているのを見て、それを甘受するはずがなかったからである。さらに、ロタールに次ぐ帝国内の第二の地位に就くのはだれか互いに牽制し合っていたフーゴ、ランベルト[24]、マトフリドは、互いに争いを始め、こうして、かれらはそれぞれ自分の利益を求め、帝国全体のことはまったくおろそかにしていた。他方、民衆はこれらのことに気付き、不満を抱いていた。さらに、皇子たちは二度にわたって父皇帝をその地位から追放し、また民全体も二度その皇帝を見放したことを恥じ後悔していた。そのためかれらは、皇帝を復位させることに互いに同意し、ロタールが父皇帝とカールを監禁していたサン・ドニ修道院に押し寄せることに決めた〔八三四年二月〕。

ロタールは、人々の怒りが自分たちの勢力に優るのを見て取り、かれらが集結するまえに戦う準備を整え、父皇帝とカールを解放し、急遽撤退してヴィエンヌに移動した[25]。一方、ロタールを攻撃し皇帝の仇を討つために大挙して集まっていた人々は皇帝を取り戻し、司教たち、全聖職者とともにサン・ドニ大聖堂に入り、心から神に感謝し、ルートヴィヒ王にその王冠と武器を返上し[26]、その他の要件について協議を始めた。

父皇帝はロタールを追跡しようとはせず、むしろかれのもとに使者を送り、すぐにアルプスを越えるように命じた。また皇帝は、自分のもとにやって来たピピンをやさしく受け入れ、自分の復位に努力してくれたことに礼を述べ、かれが求めていた通りアクイタニアに戻ることを許した[27]。帝国の諸事に携わりのち逃亡していた臣下たちも、あちこちから集まってきた。ルートヴィヒは、アーヘンで冬を過ごすためかれらとそこに赴き、さいごに自分に逢いに来た〔バイエルンの〕ルートヴィヒを喜んで迎え入れ、自分のもとに留まり、護衛の任に当たるように命じた。

その間、イタリアでユディトを警護していた人々は、ロタールが逃亡し、父皇帝が帝国を支配するようになったことを知ってユディトを連れて逃がれ、運よくアーヘンに到着し、ルートヴィヒ〔敬虔帝〕の意に適う贈物を進呈した[28]。しかしユディトは、訴えられていた罪科とは無関係であることを近親者とともに民衆の前で宣誓しそれが認められるまで――かの女を訴追するものはいなかった――、皇帝と床をともにすることは認められなかった(29)。

（5）　同じころ、マトフリド、ランベルト、その他ロタールに加担していたものはみな、ブルターニュ辺境領に留まっていた。かれらをそこから追い払うため、ヴィド(30)と、セーヌ川とロワール川の間に住む人々が送られた。かれらは強力な軍勢を伴って、あちこちから集まった。反乱者たちは、数こそ少なかったものの進退きわまった状況におかれていたため固く団結していた。これに対しヴィドとその仲間たちはその数の多さに自信をもっていたが、仲違いして分裂し統制が取れていなかった。そのため、戦がはじまるとかれらはすぐに敗走した。そのとき、ヴィド、オド、ヴィヴィアーノ、フルベルト(31)その他、夥しい人々が戦死した。勝利者たちは、そのことをすぐロタールに知らせ、できるだけ早く軍隊を率いて駆け付けるように求めた。ロタールは喜んでこれに応じ、強力な軍隊を組織してシャーロンの町を包囲し、三日間攻撃したあと陥れ、教会もろともこれを焼き払った。かれは、ゲルベルガの罪を責めソーヌ川に投げ込むように命じ(32)、ゴツヘルムとセニラの首を刎ねたが(33)、ヴァリーノには命を保証し(34)、以後、全力をあげて自分を援助することを誓約するように強制した。

そこで、ロタールとその仲間たちは二度の勝利に慢心し、全帝国を手中にするのもたやすいことと考え、オルレアンに入り謀議をこらした。この知らせを聞いた父皇帝はフランク人からなる強力な軍隊を集め、さらに皇子ルートヴィヒとライン川以北に住むすべての人々の支援を求め、帝国に対する皇子〔ロタール〕の重罪を罰するために出発した。(35) ロタールはこれまで幾度かフランク人を離反させてきたことに望みをかけ、十分敵に対抗しうると考えた。こうして両軍は真っ向から対峙し、シュウジーに近い川の両岸に陣取った。(36) しかしフランク人は、二度にわたって皇帝を裏切ったことを悔い、こうしたことをさらに繰り返すことを恥じ、離反することを拒否した。そのためロタールは、逃げるにしても戦うにしても打つ手がないことを見てとり、ついには敵対することを止めた。そして、決められた期日内にアルプスを越え、以後、父皇帝の命令なしにフランキアとの境界を越えないこと、また父皇帝の意志に反して帝国内においていかなることも企てないことを約束し、またかれに従う人々もこの約束を守ることを誓った。

（6）こうして事態は収まり、父皇帝は以前から仕えていた人々を用いて帝国を統治した。(37) 他方、かれは人々が以前のように自分を見捨てることはないと判断し、その年の冬〔八三七年〕アーヘンに集会を招集してカールに帝国の一部を与え、その境界を明確にした。(38) つまり、海岸からサクソン族との境界を経てライン・フランク族の境界に及ぶ全フリジア地方を与えた。ライン・フランク族の地方には、モイラ、ハエットラ、ハンモラン、マースガウといった伯領があった(39)。さらに、ブルゴーニュにまで及ぶムーズ川とセーヌ川の間の地域とヴェルダンを与えた。ブルゴーニュ地方では、トゥル、オルナン、ブロア、ブレーズ、ペルト、両バロア(40)、ブレノア、トロア、オーセール、サンス、ガティネ、メルダン、エタンプ、シャートル、パリ、そしてさいごに、セーヌ川から大西洋まで、そしてフリジアまでの海岸地方にあるすべての司教領、大修道院領、伯領、皇帝管轄区と、なんらかの形でこれらの領域に所属するすべてのものを(41)、父皇帝ルートヴィヒは神の権威と父親としての権威とをもってその子カールに与え、このことが堅持され永続するように全能の神のご加護を祈った。

そこで、サン・ドニの修道院長ヒルドゥインとパリ伯のゲラルド(42)、その他先に挙げた領域のすべての住民は集まり、カールに対し忠誠の誓いを立てた。これを聞いたロタールと〔ババリアの〕ルートヴィヒはそれに堪えかね、ふたりで会うことにした。そして話し合ったふたりは、それが自分たちの憤怒の口実とはなりえないことに気付き、自分たちは何も父皇帝の意向に反対して行動しようとしたのではないことを巧みに装いつつ立ち去った。とにかく両者の会見は少なからぬ動揺をもたらしたが、しかしそれも急速に鎮まった。ルートヴィヒ〔敬虔帝〕は九月中にキエルジーに赴き、[43]そこで起こっていた反乱を簡単に取り鎮め、[44]先述したカールに武器と王冠、さらにセーヌ川とロアール川の間にある王国の一部を与え、[45]見かけだけではあったがカールとピピンを和解させ、そのあと心を込めてピピンをアクイタニアに送り出し、カールは自分が与えたばかりの地方に向かわせた。カールはそこに行き、すべての住民はかれのもとに来てその保護に自分たちを委ね忠誠の誓いを立てた。

同じころ、〔ババリアの〕ルートヴィヒが父皇帝から離反し、ライン川以遠にあるすべてのものを独占しようとしているという知らせがもたらされた。[46]これを聞いた父皇帝はマインツに集会を招集してそこに赴き、[47]軍隊にライン川を渡らせてルートヴィヒをババリア地方に敗走させ、神のお望みのままに行く先々で勝利を収め、[48]歓喜のうちにアーヘンに帰還した。[49]しかしかれも年を重ね、それまでのさまざまな心痛もあって老化が目立つようになっていた。そのため、カールの母と、父皇帝の意志に従ってカールに尽くしてきた民の有力者たちは、もしすべてが達成されるまえに父皇帝が死ぬようなことがあれば、カールがその兄弟たちから死をもたらすほどの憎悪を受けることを恐れ、父皇帝がさらに皇子たちのひとりの支持を確保し、父皇帝の死後、他の兄弟たちが相互に一致することを望まないとしても少なくともこのふたりが協力して、[50]妬むものたちに抵抗できるようにしておいた方がよいと判断した。

こうした必要に迫られ、またこうした選択について熟考したあと、もしロタールが真剣にこうした方策を受け入れるならばかれと手を結ぶべきであるという意見に皆が同意した。上述したように、[51]すでにロタールは父皇帝が帝国の一部をカールに与えることに同意し、また生涯にわたってカールをすべての敵から守ることをカールの父、母、またカール自身に約束していたからである。

そのため、かれらは使者を立ててイタリアにいるロタールのもとに送り、もし以後ロタールがカールに対する父皇帝の意志を尊重するならば、これまでかれに不足しているものがあればそれをすべて引き渡し、またバパリアを除く全帝国の領土はかれとカールの間で分割してもよいと約束した。こうした提案はロタールとその支持者たちにとっては受け入れうると思われたので、双方はこの提案に同意し、それに従って行動することにした。

（7）　こうしてかれらは、予告されていた集会に参加するためヴォルムスの町に集まった。[52]そこでロタールは、人々が注視するなか恭しく皇帝の足もとにひれ伏し、「私の主君にして父なるお方よ、私は神と父上に背いたことを認めます。[53]私は、父上から帝国ではなく父上の憐みと赦しを願います」と述べた。そしてルートヴィヒ敬虔帝は、憐みと寛容に溢れる父親の態度をもってロタールの無礼を赦し、求められた恩赦を与えた。しかしそれは、以後いかなる形にせよまたいかなるところにおいても、父皇帝の意志に背いてカールと帝国に対し決して事を構えないという条件付きであった。そのあと、ルートヴィヒはロタールをねんごろに受け入れ、抱擁し、離反していた子どもと和解できたことを神に感謝した。そして両者は昼食を共にし、約束した他の事柄は翌日検討することにした。翌日、二人は協議に入った。そこで父親は、その家臣たちが誓ったことを実行しようとして、つぎのように言った。「さあわが子よ、約束した通り全帝国はお前の前にある。良かれと思う通りにそれを分割せよ。お前が帝国を分割するならば、カールは自分の相続分を選ぶだろう。反対に分割するのが私であるならば、相続分を選ぶのはお前である」、と。(54)

ロタールは三日間、分割案を模索したが、無駄であった。そこでかれはヨセフとリカルド(55)を父皇帝のもとに送り、皇帝自ら家臣と諮って帝国を分割し、自分の相続分を選ばせてくれるように依頼した。さらにふたりの使者は先に立てた忠誠の誓いをもとに、ロタールが分割案の作成を断念したわけはただ諸地方のことをよく知らないからに他ならないと付言した。そこで父皇帝は家臣たちとともに、もっとも公正と思われる形でババリアを除く全帝国を分割した。ロタールはその家臣たちとともにムーズ川の東側を選んでそれを受け、西側はカールに与えられることに同意し、そして父皇帝とともに全民衆の前に出て、これが自分の意志であると宣言した。[56] こうして父皇帝は、ふたりの兄弟が心から和解し、互いに愛し合うように求め懇願し、[57] また互いに助け合うように説得し、自分が望んだことを実行するように要請した。

そうしたあと、父皇帝はロタールを赦して帝国の遺産を与え、善意と平安の気持をもってイタリアに送り出すにあたって〔八三九年〕、かれがどれほど多くの誓約を立て、幾度それに背いたか、また自分が幾度かれを赦したかを思い起こさせ、今しがたふたりが取り交わし公に受諾した決定にいかなる形にせよ背かぬように懇請した。

（8）　同じころ、父皇帝はピピン〔アクイタニア王〕の死を知った。[58] アクイタニアの一部の住民は、祖父〔ルートヴィヒ敬虔帝〕が王国と孫たちについてどのような決定を下すかを待っていた。一方、他の一部の人々はピピンの子どものうち長子を拉致し、その名のもとに権力を揮っていた。先述したように、ルートヴィヒ〔敬虔帝〕はロタールとの問題を処理したあと、カールとその母を伴い、強力な軍隊を率いてシャーロンを経てクレルモンに行き、かれを待っていた一部の住民たちに好意をもって迎えられた。父皇帝はアクイタニアの王国をすでにカールに与えたことをかれらに納得させ、カールに自分たちを託すように説得し強く求めた。そして皆がカールに自分たちを委ね、忠誠を誓った。そのあと、ルートヴィヒは王権を簒奪したものたちの処罰に取りかかった。[59]

同じころ、ルートヴィヒ〔ババリア王〕は、例のとおりババリアを出て、チューリンギア人、サクソン人の援助のもとにアレマニア地方に攻め入った。そのため、父皇帝はカールとその母をポアティエに残してアクイタニアから引き返し、復活祭をアーヘンで祝い、[60]休む間もなくチューリンギアに向かった。かれは、その子〔ルートヴィヒ〕を追い出し、スラブ地方に再進入して、かれをババリア地方に敗走させた。そのあと、皇帝は七月一日にヴォルムスに集会を招集し、イタリアからその子ロタールを呼び寄せ、かれを交えその他のものたちとともにルートヴィヒ〔ババリア王〕の行動について吟味することにした。

こうした状況にあって、ロタールはまだイタリアを離れず、またルートヴィヒ〔ババリア王〕はライン河以遠に、カールはアクイタニアに居たとき、かれらの父であるルートヴィヒ皇帝は、マインツに近い島で六月二〇日〔八四〇年〕に世を去った。[61]かれの兄弟で、メッスの司教、宮廷付属礼拝堂首席司祭であったドロゴは、[62]司教、修道院長、伯たちとともに、盛大に弔い、自分の町〔メッス〕のサンタルヌル教会に埋葬した。皇帝は六四年間生き、[63]三七年間アクイタニアを支配し、そして二七年と六カ月の間、皇帝であった。[64]

第二巻　兄弟間の抗争の発端とフォントノアの合戦〔八四〇―八四一年〕

私〔ニタルト〕は、自分に与えられた時間と能力に応じて陛下ご自身〔カール禿頭王〕の兄弟間の不和の起源について述べ、陛下の父君の死後、なぜロタールが陛下とその兄弟〔ルートウィヒ・ババリア王〕を攻め立てる決心をしたのか、また果たしてかれが公正に行動したか否かについて知り理解しようとする読者に対し、私の記憶と能力の許す限り、かれがこのことにどれほどの気力と巧みさを発揮したかを説明することにしましょう。私は陛下に対し、自分の弱さの故にあの混乱のなかで乗り越えなければならなかった困難に留意されるように求め、もし私がこの著作において何か疎かにしたことがあるならば、ご寛恕下さるように願います。

（1）　ロタールは父親の死を聞いて、直ちに全地方とくにフランキア全土に使者を送り(1)、自分が以前から与えられていた帝位に就こうとしていること、また父皇帝が〔兄弟〕各自に与えていた恩典をかれらに保証しさらに拡張する旨を伝えさせた。さらにかれは、臣従をためらうものに対し誓約をもってそれを確約するように求め、こうしてできるだけ速やかに自分に合流するように命じ、拒否するものは死罪に処すると脅した。そしてかれ自身はアルプスを越え、事態がどのように展開していくかを確かめつつゆっくりと軍を進めた。

そのため人々は欲望あるいは恐怖心に衝き動かされ、あらゆる地方からかれのもとに馳せ寄った。これを見たロタールは自分の期待と影響力に慢心し、どうすればより容易に帝国全体を手中にしうるかを考えはじめた。かれはルートヴィヒ〔ババリア王〕が自分の進路の近くにいることに注目し、まずかれを攻撃するのがよいと判断し、武力をもってかれを亡きものにしようと全力を挙げて攻撃した。その間ロタールは狡猾にもアクイタニアにいたカール〔禿頭王〕に使者を送り、自分は父皇帝が決定したとおり、またカールの〔受洗における〕代父にふさわしい[2]仕方でかれを優遇すると保証した。しかし同時に、自分たちふたりの甥つまりピピン〔アクイタニア王〕の息子[3]に対しては、つぎに会うときまで行動を起こさせぬように頼み込んだ。こうした手を打ったあと、ロタールはヴォルムスに向かった。

そのころルートヴィヒは、軍隊の一部を守備隊としてその地に残し、反乱を起こしたサクソン人討伐のために出発していた。ロタールは、小規模な戦闘のあとこの守備隊を敗走させ、全軍を率いてライン川を渡り、フランクフルトを目指して進んだ。そこで、ロタールとルートヴィヒは不意に対峙することになったが、(4) かれらは日暮れになったこともあって休戦を約束し、兄弟愛の無さを実証するかのように、ひとりはフランクフルトにもうひとりはマイン川とライン川の合流点に宿営した。ルートヴィヒが勇敢にロタールに立ち向かおうとしたため、ロタールは戦わずしてかれを従わせることを断念し、カールを片付ける方がより容易であろうと期待し、両者〔ロタールとルートヴィヒ〕が十一月十一日に同じ場所で再会し、そこで同意に達することができない場合、そのときは各自が取得すべきものを武力をもって決めるという条件で、戦うことを止めた。こうしてロタールはルートヴィヒをそこにおいたまま、カールを服従させるために出発した。

（2）　同じころ、カールはブールジュに来ていた。そこで貴族会議が開かれ、ピピンもそこに来るとピピンの家臣たちが誓って言明したからであった。(5) カールは、やがて人々の噂話から事の展開を知り、急遽、ニタルトとアデルガール(6)を使者としてロタールのもとに送り、自分たちが互いに交わした誓約に留意すること、また父皇帝が自分たちのために取り決めたことを尊重すること、(7) さらに、自分たちふたりは兄弟であり、ひとりは他のひとりの代父であることを思い起こすように求め、また、もし各自がその分け前を保持し、父皇帝がかれ〔ロタール〕の同意のもとに譲渡したものをそれぞれ享受するようにするならば、自分〔カール〕としては長兄に対して尽くすべき忠誠を誓い、かれに従うことを約束した。さらにかれ〔カール〕は、ロタールがこれまで自分に対して背いて来たすべてのことを心から赦すことを約束し、しかし自分の家臣たちに謀反を唆すことのないように、また神が自分に託した王国を撹乱することのないように懇願した。さらにあらゆる面で平和と一致に努めるよう〔ロタールに〕求め、それを実現し保持しようという自分と家臣たちの意志は明白であると確言した。そして、どのような形にせよ以上のことについて疑念があるならば、自分は確たる証拠を提示すると約束した。

ロタールは、カールの使者たちを親切に迎えるふりをしてその挨拶だけを受け、その他のことについては自分の使者を送って答えると約束してかれらを帰らせた。その上、ロタールはふたり〔使者ニタルトとアデルガール〕が忠誠の誓いに背いて自分に寝返るのを拒んだので、父皇帝がかれらに与えていた恩典を取り上げた。こうしてロタールは、無意識のうちに兄弟〔カール〕に対する自分の考えを明かしたのであった。

そこで、ムーズ川とセーヌ川の間のすべての住民はカールのもとに使者を送り、ロタールが自分たちの地方を占拠するまえにこの地方に来るように要請し、喜んでかれを迎えようと約束した。そのため、カールはわずかの従者を伴って急遽、アクイタニアからキエルジーに行き、(8)シャルボンニエールの森やその手前の地からかれのもとにやって来たすべてのものを喜んで受け入れた。(9)しかしそれ以外の地にいたヘレンフリド、ギスレベルト、ボヴォその他のものは、(10)オドゥルフに(11)騙されて誓約に背き、離反した。

(3)　一方、ひとりの使者がアクイタニアから来て、ピピン〔二世アクイタニア王　八六四年没〕とかれに加担するものたちがカールの母君を襲おうとしていることを知らせた。これを聞いたカールはフランク人たちに対し、その兄弟〔ロタール〕が自分〔カール〕の留守の間にかれらを服従させようとする場合、自分のもとに来るように言い含めたあとかれらと別れた。さらにかれは、ロタールのもとにフーゴ、アデラルド、ゲラルド、エギロを送り、(12)先刻、伝えたばかりのことをすべて繰り返し伝えさせ、自分の臣下に離反を唆し、神と父皇帝がロタール自身の同意のもとに自分に与えた王国を混乱させることのないよう、神の名において懇願した。こうした手を打ったあと、かれは急いでアクイタニアに向けて出発し、ピピンとその仲間たちの不意を衝き、敗走させた。(13)

同じころ、ルートヴィヒのもとから帰路についていたロタールは、シャルボニエールの森以遠の大方の住民が自分のもとに来るのを見て、ムーズ川を渡り[14]セーヌ川まで前進しようとした。ロタールがそこに向かっていたとき、サン・ドニ修道院長ヒルドゥインとパリの町の伯ゲラルド[15]は、カールから離反し、かれと結んだ誓約を破ってロタールのもとにやって来た。このことを見たランゴバルド王ベルナルドの子ピピンおよび他のものは、一時的にせよ自分の財産を失うことを恐れ、いわば奴隷のように忠誠の義務を忘れ、誓約に背く方を選んだ。こうしてかれらは、忠誠を尽くすことを放棄し、右に挙げた人々に倣ってロタールに付いた。ロタールは、首尾よくことが運んだことで有頂天になり、セーヌ川を渡って、いつもの通り前もって使者を送り、脅しや諂いをもってセーヌ川とロアール川の間の住民を離反させようとした。またかれ自身は、いつものようにゆっくりと軍を進めつつシャルトルの町に向かっていた。そしてテオデリクとエリク、またかれに従うことを決めていた人々が自分に合流しようとしていることを知ると、この多数の勢いを頼りに一気にロアール川まで進撃しようと決めた。一方、ピピンとその仲間たちを追跡し敗走させ帰路についていたカールは、母親を安全に保護する場所もなく、かれもまたかの女を伴ってフランキアへと急いでいた。

（4）カールは、上述したすべてのものが自分から離反したこと、またロタールが大軍を率いて自分を追跡し、壊滅させずにはおかないと決心したこと、さらにピピンとブルターニュ人も自分に敵対していることを聞き、こうしたもろもろの状況について討議するため集会を開いた。そしてしごく簡単な計画がすぐに立てられた。自分たちの命と体以外、何も残されていなかったカールの家臣たちは、裏切られた主君を放棄するよりはむしろ潔く討ち死にすることを決意したのであった。

そのためかれらはロタールに向かって進み、こうして両軍は双方からオルレアンの町に到着した。両軍は互いにおよそ六里離れて宿営し、使者を取り交わした。カールはただ公正の名のもとに平和を求め、一方ロタールは、いかなる策略をもって相手を騙し、戦わずして勝つかを探っていた。かれは、これから立ち向かうはずの強力な抵抗から考えて、戦いの行方に自信がなかったからである。ロタールは、カールの軍勢が縮小していくのに対し自分の軍勢が当初のように日々、増大し続けることを期待し、それによってカールを屈服させることはより容易になると考えていた。

しかし自分の期待が裏目に出たのを見たロタールは、次のような条件のもとに戦いを中止することを提案した。それは、〔ロタールは〕アクイタニア、セプティマニア、プロヴァンスと、ロアール川とセーヌ川の間の一〇の伯領をカールに譲渡し(16)、カールはそこに逗留し、五月八日にアッティニで行われるはずの新たな会見まで、それで満足するということであった。そしてかれ〔ロタール〕は、両者の同意にもとづいてふたりの利益を追求し実現する旨を確約した。カールの陣営のかしらたちは、こうした交渉は自分たちの力を超えることを見てとり、もし現在の数少ない勢力をもって戦うならば自分たちの王を守ることは容易でないことをひどく恐れていた。しかしみなが少なからずかれ〔カール〕の才知に期待するところがあった。そのためかれらは、つぎのような内容をもつ休戦提案に同意した[17]。それは、以後ロタールはカールの忠実な友となり、兄弟に対したしかに兄弟であるべきこと、またかれ〔カール〕が自分に与えられた領地を平和のうちに享受することを保証すること、一方、その間かれ〔ロタール〕はルートヴィヒに対し戦闘行為を控えること、そしてこれらの条件に違反した場合、両者は立てた誓約から解放されるということであった。

こうした方策をもって、かれらは自分たちの王〔カール〕を危機から脱出させると同時に、自分たちが立てた誓約からやがて解放されることになった。なぜなら、この誓約を立てたカールの使者が出発するまえに、ロタールはそのうちの幾人かに離反を勧め、翌日、その何人かを離反者として受け入れたからである。さらにロタールは、カールに譲渡されていた諸王国に使者を送り、その地方の領民がカールに服従することのないようにありとあらゆる混乱を掻き立てた。それから、自分に付こうとするプロヴァンスの領民を受け入れるためそこに赴き、また、欺瞞あるいは武力のいずれかの方法をもってルートヴィヒを従わせようとした。

（5）　その間、オルレアンの町に到着したカールは、ブルゴーニュから何人かの仲間を引き連れてきたテオトバルドとヴァリーノを好意をもって迎え、厚遇した(18)。そのあと、予告してあったとおりベルナルドに会うため(19)、そこからヌヴェールの町に行った。しかしベルナルドは自分とピピンおよびその家臣との間には相互の同意なしにだれとも協定を結んではならないという誓約があることを口実に、例の通りかれに会うのを断った。しかしかれ〔ベルナルド〕は自分がかれらに会いに行き、できるならばかれらを連れて戻ってくると言明し、もしそれが叶わないならば、かれらとの誓約は破棄され、自分は二週間以内に戻ってカールに身を託すと約束した。

したがってカールは、ベルナルドに会うため再びブールジュに赴いた(20)。ベルナルドは、ふたつの約束をまったく果たすことなくそこにやって来た。そこでカールは、ベルナルドが〔ルートヴィヒ〕父皇帝に対して仕掛け、またこれまで自分に対して行って来た裏切りに堪忍袋の緒を切らし、かれを捕える以外に方法はないと思い、何の前置きもなくかれを捕えようと決めた。

しかしベルナルドは、遅まきながらそれを察知して命からがら逃亡した。カールは、かれの家臣のうち何人かを殺しあるいは重傷を負わせ、他の者を捕え捕虜として監禁するように命じた。そしてかれらの荷物全部を人々の掠奪にまかせた。

その後ベルナルドはよりおとなしくなり、しばらくしてカールのもとに来て哀願し、かつて自分はかれに忠実に仕え、またもし可能であったならばずっと仕えようと考えていたこと、また今回のように背いたこともあったが、以後、忠誠を尽くすことを約束した。さらにかれは、カールも自分を決して疑うことのないように願い、もしだれかこれと食い違うことを言うものがあれば、自分は武器を取ってその誹謗を晴らすであろうと述べた。カールはかれのことばを信じて、贈物を与え、厚くもてなし、親しく接し、約束通りピピンとその家臣たちを自分に服従させるためにかれを送った。

こうして和解したあと、カールはランベルト、エリクその他の人々の帰順を受けるためル・マンに行き、そこできわめて寛大にかれらを受け入れた(21)。さらに、ブルターニュ公ノメノエのもとに人を送り、自分の配下に就く意志があるか否かを知ろうとした。ノメノエは、家臣の大方の意見を入れてカールに贈物を進呈し、誓約をもって以後かれに忠誠を尽くすことを誓った(22)。

そうしたあと、アッティニに招集した貴族会議の開催日が迫るなか(23)、カールは、自分と家臣たちが思慮深くかつ信念をもって取るべき行動について思いめぐらしていた。かれは顧問たちを集め、自分たちが直面する状況を説明し、これほどの災難を乗り切るにはどのような方法があるかについてかれらの意見を求めた。さらにかれは、自分がすべてにおいて皆〔王国〕の利益を望み、そのためには、必要とあれば死をも辞さない覚悟であることを付言した。

カールの顧問たちは、あちこちから人々が自分たちに加わるのを見、また父皇帝のころロタールが父皇帝とカールに対して企てた策略を思い出し、またそれが父皇帝の死後もなんら改められることなく兄弟たちに対し続行されたこと――その上、かれは立てたばかりの誓約を破っていた――から考えて、自分たちがはっきりとロタールに対してまったき正義を求めたとしても、これほどの証拠を見せられては何もよいものは期待できず、従ってあらゆる点から見てとにかく設定された会談に臨むことを決して避けてはならないと思われると進言した。また、もし王〔カール禿頭王〕の兄弟〔ロタール〕が約束通り共通の利益を確保する手段を探そうと欲するならば、それは皆の意に叶うことであり、感謝の念をもってかれを受け入れるのは当然であるが、しかしそうではなく、かれが自分の権利を盾に、従って神と家臣たちの援助を頼りに行動するのであれば、王〔カール〕は、父皇帝〔ルートヴィヒ敬虔帝〕がそのふたりの臣下〔ルートヴィヒ・バヴァリア王とカール〕の同意のもとに与えた帝国のこの部分を確保するため、全力を傾けるべきであると言上した。

（6）そこで、かれ〔カール〕は、自分に味方するすべてのアクイタニア人に対し、母君とともに自分のもとに来るように命じ、さらに、自分の主権を認めようと欲していたブルグント族、ロワール川とセーヌ川の間のすべての住民にも同様に命じた[24]。そしてかれ自身は、困難をものともせず、すでに集まっていた人々とともにさきに述べた道を進んだ。そしてセーヌ川に達したとき、グントボルド、ヴァルナール、アルヌルフ、ゲラルド[25]、さらにシャルボンニエール森の手前の地方[26]のすべての伯、修道院長、司教たちと鉢合わせした。つまりロタールは、〔カールが〕自分の同意なしに通過しようとする場合、それを阻止するためにかれらをそこに残していたのである。その上セーヌ川は氾濫し、浅瀬はどこも歩いて渡ることはできず、また川の番人たちは小舟をすべて破壊するか沈めてしまっていた。それに加えて、ゲラルドは行く先々の橋をすべて破壊させていた。従って渡河はきわめて困難で、川を渡ろうとする人々に大きな不安を与えていた。

これほどの障害を前にしていかなる方策を取るべきか、人々の考えはまちまちであった。そのうち、商人たちの舟がセーヌ川の河口からルーアンまで高潮に押し上げられ、都合よく流れ着いていることが知らされた(27)。そこでカールはこの町に行き、二八艙の舟に戦士たちを乗せ、また自らも乗船し、自分が到着したことを告げる使者を送り、自分に服従する人々を赦し、服従を拒むものに対しては神が自分に与えた王国を明け渡すように命じた。かれを拒否する人々はこの勧告を無視したが、船団が接近するのを目の当たりし、自分たちがその上に手をおいて誓った十字架とカール自身を目にしたとき、かれらは河岸を離れ、いち早く逃亡した(28)。

下船するにあたって馬を舟から降ろすのが遅れ、かれらを追跡することはできなかったが、カールは賛美と感謝の祈りを捧げるためサン・ドニ修道院に赴いた(29)。かれはそこで、潰走していたものたちがアルヌルフ、ゲラルドその他のものたちと合流し、テオトバルド、ヴァリーノ、オトベルト(30)、さらに自分〔カール〕の呼びかけに応じてやって来たすべてのものを攻撃しようとしていることを知った。そのため、カールは、サン・ジェルマン修道院に行って(31)祈りをささげ、それから夜通し軍を進め、ロアン川とセーヌ川との合流地点を目指し、そこで夜明けを迎え、無事であったヴァリーノとその仲間たちと合流し、サンスの町まで真直ぐに進んで行った(32)。

そこから、夜出発し、オトの森を横切って進んだ。かれはもたらされた情報をもとに、先に述べた敵とこの森林地帯で戦うつもりであった。実際かれは、どこであれ、またいかなる形にせよ、そこにいる敵を攻撃しようと決めていた。そして、敵が自分たちの身に迫る運命について間一髪のところで知らされなかったならば、かれはそうしたことであろう。そのため敵は極度の恐怖心に襲われ、ほぼすべてのものがあらん限りの方向に四散した。カールは、仲間も馬も疲労していたため、かれらを追跡することはできなかった。かれは聖木曜日に休息し、翌日、トロアに赴いた(33)。

(7)　カールについて述べて来たこれらのことが起こっていたころ、ロタールは、先述したように欺瞞や武力をもってルートヴィヒ〔ババリア王〕を服従させ、あわよくばかれを亡き者にしようと知恵を絞っていた。こうした目的のもとに、かれはマインツの大司教オトガールとメッスの伯アダルベルトをことば巧みに呼び出していた。このふたりはともに、ルートヴィヒを死ぬほど憎んでいたからである。

アダルベルトは、ほぼ一年間苦しんだ病気から、いわばこの兄弟殺しを手伝うために回復したばかりであった。当時のかれは、貴族会議において主張するその意見にだれも異を唱えようとしないほど知恵に長けていた。ロタールは、かれに唆されてあらゆる方面から膨大な数の支持者を集め、いつもの通り、態度を決めかねている住民たちを脅しあるいはへつらいをもって味方につけるため使者を〔行く先々に〕前もって送りながらライン川を渡った。これに対しルートヴィヒとともにいた人々はこれほどの大軍との戦に勝ち目はないと見て、あるものは離反してロタールの仲間に入りあるものはルートヴィヒを残して逃亡した。ルートヴィヒはどこからも援助を受けることができず、ごく僅かのものを連れてババリアに戻った。

ロタールはルートヴィヒの身に起こったことを見て、以後かれを気にする必要はないと考えた。そして、アダルベルトを公として――私は先にかれを伯として挙げておいた――その場に残し、住民にはかれに対する忠誠を誓わせ、またルートヴィヒがカールと提携しようとする場合、それを阻止させることにした。そしてロタール自身はカールがセーヌ川を渡ったことを知り(34)、かれを迎え撃つ準備を整えた。しかしアーヘンで復活祭を祝うことに決め(35)、一方、カールがどこにだれとともに居るかを確かめるため、急いで人を送って探らせた。

（8）　ところで聖土曜日になって、ここで述べるに値する実に不思議なことがカールの身に起こった。実際、カールとその従者たちが所持していたのは自分の身に付けているものと馬、武器だけであったが、カールが水浴びを済ませ、脱いであった衣服を再び着ようとしていたそのとき、突如、アクイタニアから来た使者たちが戸口に現れ、持参して来た王冠、衣装、そして神への礼拝に必要な一切のものを王に捧げた。

僅かな人数で、道もほとんど知らない人々が、盗賊が頻繁に出没する地域を通って、これほど多量の金と無数の宝石を無事に運びおおせたことに驚かないものがいるだろうか。はっきり言ってもっとも驚くのは、カール自身、自分が家臣とともにどの道を辿るかも知らずにいたのに、かれらは特定の場所に、しかも予定していた日時に到着できたことである。こうした出来事は神の恩恵あるいは意思によってのみ起こりうることは明らかで、そのことは、他の戦士たちを驚かせ、事の成功に大いに希望をもたせた。こうしてカールとその全軍は喜びのうちに祝日を祝ったのである(36)。

そうしたことを終えたあと、カールはロタールの使者たちを親切に迎え(37)、食卓を共にし、兄ロタールが求めて来たことには使者を立てて答えることを約束し、翌日、出発するように命じた。ロタールの使者たちは、ロタールが決めた境界をかれの同意なしにカールが越えたことを非難し、しかしいったん越えた以上、かつて合意した場所あるいはより好ましいと思われる他の場所に来るように指示されるまで、現在地にとどまるように厳命しているというのであった(38)。

これに対してカールは自分の使者を通して、自分が決定された境界を越えたのは、ロタールが誓約をもって約束し保証した地域全体にわたって自分にはいかなる利点も見出しえなかったからであると答えた。実際ロタールは、約束に反して幾人ものカールの家臣たちを離反させ、他のものを何人も殺し、さらに、平和裡に享有するはずの諸領地に混乱をもたらし(39)、それにもまして重大なことは、自分の兄弟〔ルートヴィヒ〕を武力をもって攻め(40)、加えて、かれが異教徒に援けを求めざるをえなくしたことであった。しかしカールは、それでもなお、相互の合意をもって決定した会見に臨み、そこでロタールが約束どおり共通の利益を目指し確保しようと思うならば、自分もそれを喜びとするであろう。さもないと、自分はすべてにおいて神の意志に従い、神と父皇帝が同意して自分に与えた王国については自分の家臣たちの勧告に全面的に従うであろうと伝えさせた。

こうした手を打ったあとカールは出発し、取り決められていた日の前日、合意していた場所に着いた(41)。一方ロタールはわざと到着を遅らせ、しかしひんぱんに使者を送って様々な苦情を告げ、カールが不意に攻撃を仕掛けることができないように警戒していた(42)。

（9）　そうしている間にルートヴィヒの使者がやって来て、カールが取るべき態度を決めているなら自分も喜んでかれを援助しようと告げた。カールは、ルートヴィヒを必要としている旨を伝え、かれの好意ある申し出に感謝し、急いで事を進めるため使者たちをすぐに帰した。ロタールの到着を四日あるいはそれ以上待ってもそれが遅れたので、かれ〔カール〕は集会を招集し、今取るべき賢明な行動は何かについて討議した。

あるものは、母君がアクイタニア人たちとともにこちらに向かっている以上カールはかの女を迎えに行くべきであると言い、しかし大部分のものは、ロタールに立ち向かって進むか、あるいはとにかくどこか自分が決めた場所でかれの到着を待つように勧告した。そのわけはとくに、もしカールがいかなる形をとるにせよその進路を変え始めるならば皆がかれは逃亡したと思い込むかもしれず、それによってロタールとその軍勢はいっそう勢い付き、またそれまで中立を保っていた人々は恐れをなして、方々からロタールのもとに殺到するかもしれない――これが実際に起こった――ということであった。決断は困難であったが、第一の意見が取り入れられた。

こうしてカールはシャーロンに赴き、そこで母君とアクイタニア人たちを出迎えたあと、思いがけなく、ルートヴィヒがアウストラシアの公アダルベルトを相手に勝利を収めて(43)ライン川を渡り、速やかにカールの援助に向かっているという知らせを受けた。この知らせは陣営全体に広まり、皆が喜びのうちにルートヴィヒを迎えに行くことを求めた。

一方ロタールはやがてこうした状況を知らされ、周囲のものに対し、カールが逃げ出したのでできるだけ速やかにかれを追跡しようと思うと告げた。かれはこうした知らせをもって支持者たちの気持を駆り立て、服従をためらう人々に参加する勇気を与え、自分たちの団結を固めた。

カールは、自分がロタールから追跡されているのを知り水と沼地に囲まれた立ち入り困難な場所に陣営をおき、(44)もしロタールが望むならすぐにでも戦を交えるつもりで急いでかれに会いに行った。この知らせを聞いたロタールは進軍を止め、疲れた馬を休ませるという口実のもとに二日間そこに宿営した。こうしてカールとロタールは例の通りひんぱんに使者を遣り取りしたが、しかし何も見るべき成果は得られなかった。しかしそのうちにルートヴィヒとカールは互いに親密になり、会談を重ね、(45)ロタールが自分たちとその家臣たちに対し際限なく仕組むすべてのことについて不満を述べ合い、そして未来のためにより適当と思われる対策については、翌日検討することにした。

〔翌日〕、かれらは夜明けとともに集まって協議し、こうした災難が惹き起こされたことを大いに嘆き、各自がその兄弟〔ロタール〕からいかに多様な苦しみを受けたかを互いに述べ合ったあと、そこに集まったすべての人つまり至聖なる司教の位階にあるものから俗人までみなが一致して、賢明にして献身的かつ高貴な人々を選出し、かれらを通して、父皇帝が自分たちの間〔ルートヴィヒ、カール、ロタール〕に取り決めたこと、また父皇帝の死後、かれ〔ロタール〕から苦しめられたことをかれに思い起こさせ、さらに、かれ〔ロタール〕が全能の神に思いを致し兄弟たちと神の全教会に平和をもたらすようにすること、また父皇帝と兄弟たちの同意のもとに当然かれらに帰属するはずのものをそれぞれに譲渡すること、さらに、ロタールは兄弟たちの正当な願いを受け入れ、兄弟たちは馬と武器を除く全軍団に対する権利をかれに与えること、[46]もしかれ〔ロタール〕が自分たちの警告と勧告とを尊重しようと望むならばすべてはうまく運ぶこと、さもないと、自分たち〔兄弟たち〕は恐れることなく問題の解決を神の意志による決定〔交戦〕に委ねること、というのは自分たちはすべて正しいことを求め、自分たちの兄弟〔ロタール〕にそれを謙虚に提示しようと配慮しているからであると伝えることにした。これらすべてのことは当然のこととして承認され、直ちに実行に移された。

(10) しかしロタールは、こうした要請をまったく無視し、自分はいかなることも戦いなしに解決することは望まない旨、自分の使者を立てて返答した。そして直ちに、アクイタニアから自分の方にやって来ていたピピンを出迎えるために出発した。やがてこのことを知らされたルートヴィヒとその家臣たちは、まったく暗澹たる思いであった。というのは、かれらは長い道のりを辿り、また戦いその他様々な困難を乗り越えて来たために疲労していたし、とくにかれらには馬が不足していたからである。しかしたとえそうであったにせよ、もし不幸にして兄弟〔ルートヴィヒ〕が自分の兄弟〔カール〕を援助することを止めたならば、自分たちは不名誉な記憶を子孫に残すことを恐れ、不敗、無敵なものとしての名誉を失うよりもむしろ一切の欠乏と、さらに必要とあれば死さえも甘んじ受ける方を選んだ。そのためかれらは、高貴な心をもって自分たちの失意に耐え、即刻、ロタールを攻撃できることを喜び、互いに励ましつつ速やかに出発した。

そして両軍はオーセールの近くで突如、鉢合わせし(47)、ロタールは弟たちがすぐに自分たちに襲いかかるのを恐れ、武装したまま急いで陣営から少し遠ざかった。かれの行動を知らされた弟たちは、軍勢の一部を陣営設置のためにその場に残し、武装したいくらかのものを従えてすぐにロタールとの会談に向かった。かれらは互いに使者を遣り取りし、夕方になって休戦が結ばれた。両者の陣営は、相手陣営からおよそ三里の間隔をおいて設置された。両者の間には小さな沼地と森があり、そのため一方から他方へ行くのは困難であった。

夜が明けるとルートヴィヒとカールはロタールのもとに使者を送り、戦わずして平和を拒否されることは自分たちにとってきわめて受け入れがたいこと、ロタールの望みどおりに戦わねばならないとしても、自分たちはいかなる欺瞞も用いることなく応戦することを告げた。そしてかれらは、まず断食と祈りとをもって神のご加護を求めようと提案した。その後、ロタールがふたりのもとに来ようと欲するならば、自分たちは徒渉する箇所をかれに提供し、自分たちあるいは自分たちの側の人々によるあらゆる障害を排除し、いかなる待ち伏せの危険もなく出会えるように取り計らうことを約束した。そして、もしかれが受け入れるならば誓約をもってそれを保証するように迫り、もし拒むならば、同程度のことを自分たちに譲歩し、保証するように求めた。しかしかれ〔ロタール〕は、例の通り使者を送って返答すると約束したが[48]、兄弟たちの使者が引き上げるとすぐに前進してフォントノアに入り[49]、そこに宿営した。そこで兄弟たちは同日[50]、大急ぎでかれの後を追い、これを追い越して、テューリと呼ばれる町の近くに自分たちの陣営を置いた。そして翌日[51]、ふたつの軍勢は戦闘態勢をとり、少し陣営から出た。

ルートヴィヒとカールはまえもってロタールに使者を送り、かれが自分たちの兄弟であることを思い起こすこと、また神の教会とキリスト教徒全部が平和裡に生きて行けるようにすること、さらに、自分たちの父皇帝がロタールの同意のもとに自分たちに与えた王国を認め、またかれも、権利があったからではなく父親としての寛大さから与えられた自分の分で満足するように求めた[52]。またかれらは、武器と馬は別にして、自分たちが全軍勢のなかに持っているすべてのものをロタールに贈ると伝えた[53]。もしロタールがそれに不満があるならば、自分たちは、ひとりはシャルボンニエールの森まで、もうひとりはライン川まで、それぞれ自分の王国の一部をかれに譲渡すると提言した。さらに、もしロタールがそれも拒むならば、全フランキア王国を三等分し、ロタールはそのなかから好きな部分を選ぶことができると提案した。

これに対してロタールは、例の通り使者を介して自分の希望を伝えると答えた。そしてかれは、ドロゴ、フーゴ、ヘギベルト(54)を介して、自分はそれまでこうした提案に接したことはなく、考える時間が欲しいと伝えた。しかし実は、ピピンはまだ到着しておらず、かれを待つ時間を稼ぎたかったのである。いずれにせよ、ロタールはリクイン、ヒルメナルド、フレデリクを送り(55)、自分がこの猶予〔休戦〕を乞うことによって求めているることはただかれら〔弟たち〕とすべての人々の共通の利益の追求ということであり、それは弟たちにとりまたキリスト教徒にとって当然のことであると、誓約をもって伝えるように命じた。

ルートヴィヒとカールはこの誓言を信用し、その日と翌日、さらに三日目つまり〔八四一年〕六月二十五日〔土曜日〕の午前七時まで休戦することを誓約したあと、自分たちの陣営に戻った。それは、〔提案の〕翌日、〔洗者〕聖ヨハネの祝日〔六月二四日〕を祝うためであった。一方ロタールは、同じ日にピピンの援軍を迎えたあと弟たちに〔使者を送り〕、ふたりは皇帝の称号が高位の権威〔ルートヴィヒ父皇帝〕によって自分〔ロタール〕に与えられたことを知っている以上、自分がこの崇高な役目を行使しうるように配慮すべきであり、一方自分は心から弟たちの利益を追求する旨を通告した。しかし、ロタールは弟たちが提案したどの点を受諾しようとしているのか、あるいはなんらかの決定的な返事を送ったのかを問われた使者は、自分たちにはそうした類の通達は何も託されなかったと答えた。

したがって正義と平和への期待そのものは裏切られたように思われたので、弟たちはロタールに対し、もしかれがこれ以上の対策をなにも見出しえないならば、自分たちが提示した提案のどれかを受け入れるか、あるいは先に述べたように、翌日つまり七月二十五日の午前七時、かれが自分たちの意志に反して請求していることが全能の神の裁きに委ねられたことを知ることになると通告した。これに対しロタールは、例の通り横柄にもかれらの通告を無視し、自分が何をするかを見せてやると答えた。

（セーヌ河畔のサン・クルーでこれらの内容を書いている間に、八四一年一〇月一八日〔火曜日〕の朝七時にさそり座で日食があった(56)。）

こうした提案がすべて無視されたので、ルートヴィヒとカールは、軍勢の三分の一ほどを率いて日の出とともに出発し、ロタールの陣営につながる丘の頂上を占拠し、自分たちの使者が誓約をもって約束していた午前七時まで、ロタールが到着するのを待った。こうして両軍は対決し、ブルギニョンの小川のほとりで、(57)激しく戦った。(58)そしてルートヴィヒもロタールも、一般にブリオットと言われている場所で勇ましく応戦した。(59)ロタールは、打ち負かされ敗走した。カールはファジ(60)と言われる地において一部の敵軍を迎え撃ち、すぐに敗走させた。一方ソルメにいた軍勢(61)はアデラルドその他のものに対し、(62)神のお助けのもと私〔ニータルト〕もかなり強力な援助を与えたこともあって、(63)雄々しく戦った。こうして戦況は一進一退したが、最終的にはロタールのすべての支持者たちは敗走した。(64)

本書の第二巻は、ロタールとの最初の合戦の終結をもって終わる。

第三巻　ロタールとの二度目の戦と、ストラスブールにおける誓約
（八四一―八四二年）

私にとって自分の家族の悪口を聞くのは恥ずべきことであるが、とりわけそれを書き残すことはるかに耐え難いことである。従って、与えられたご命令に背く意志はまったくなかったとはいえ、第二巻の巻末を書いたあとは、それをさいごに本書を閉じる積りであった。しかし、われわれの時代の出来事についてなんらかの仕方で欺かれ、実際に起こったのとは異なる形で語ろうと目論むものが出てくることを恐れ、私は自分が関与した出来事について第三巻を書き加えることにした。

（1）ところで先に書いたように、凄惨な戦闘〔フォントノアの合戦〕が終わったあと、ルートヴィヒとカールは、戦いのあったその場で逃亡者に対してとるべき措置について話し

合った。あるものは怒りに駆られて敵を追跡すべきであると勧告し、他のものとくに王たち〔ルートヴィヒとカール〕は兄〔ロタール〕と民衆にあわれみの情を抱き、神の裁きと敗北によって罰されたかれらが自分の飽くなき欲望を後悔し、神の恩恵によって以後、全員一致して真の正義を探求していくように例の通り心から望み、このことについては全能の神の慈悲に委ねるように勧告した。その他多くのものは後者の意見に同意し、戦いと掠奪をやめ、以後、取るべき最良の手段について検討するため正午ごろ陣営に戻った。

戦利品は夥しく、殺戮も大規模なものであった。(1)それだけに、王たちと同様、他のすべてのものの寛容さは見事なものであり、賛辞にふさわしいものであった。というのも、かれらは様々な事由からその場で日曜日を過ごすことを決め、その日はミサのあと敵味方、臣従したものしなかったものの別なく埋葬し、また力の限りかつ心を込めて負傷者、瀕死のものを看護したからである。それからかれらは逃亡者に対し、もし心から帰順したいと望むならば一切の過失を赦すことを使者を送って告げた。

こうしたあと、王たち〔ルートヴィヒとカール〕と民衆は兄〔ロタール〕とキリスト教徒の運命に同情し、現状に対して取るべき態度について司教たちの意見を求め始めた。これに対し司教たちはみな、会議を開催することに同意した。この公の集会において、人々は正義と公平さのためだけに戦ったこと、そしてこのことは神の裁き〔戦さ〕によって明らかにされたこと、従って、今回のことについてあるいは勧告を与えあるいは積極的な行動をとった聖職者はすべて罪に問われるべきではないこと、しかし承知の上で、怒り、憎しみ、虚栄あるいはなんらかの悪意のもとにこの戦いの間に批難されるべきことを何か勧告しあるいは遂行したものは、だれであれ、秘められた自分の罪を密かに告白し、罪の重さに応じて償うべきであることが承認された。しかしながら、これほどの正義の発現を尊重し称えるため、また戦死した自分の兄弟たちの罪の赦しを乞うため（なぜならかれらは、意図的にせよあるいはそうでないにせよ、多くの機会に犯した罪から考えて、自分たちが不完全なものであることを知っていたからである）、また自分たちの執り成しによってかれらが罪から解放されるため、さらにこの正義のわざ〔戦さ〕においてて自分たちを援け保護された神が、以後、いかなる環境においても今までどおりにして下さるように願い、これらすべての動機のもとに三日間の断食が定められ、自発的かつ盛大に実行された。

（2）それが終わったあと、ルートヴィヒ〔ババリア王〕はライン地方に戻ることを決め、これに対してカールは、種々の事由からとくに自分への服従を求めていたピピン〔アクイタニア王〕のことが気になり、アクイタニアに向けて出発する方がよいと考えた。というのは、セプティマニアの公ベルナルドは戦場からほぼ三里しか離れていなかったにも拘わらずどちらの陣営にも加担しなかったが、カールの勝利を知るや否や、その子ヴィルヘルムスをかれのもとに〔託身されたものとして〕送り、またもし自分がブルゴーニュ地方にもっていた領地をカールが戻してくれるならかれに臣従の誓いを立てると伝えてきたからである。さらに、ベルナルドは、自分ならばピピンとその支持者たちがカールと永続的な和平を結ぶようにかれらを説得しうると高言し、そのために尽力したいと言っていた。カールは好意をもってかれの使者を受け入れ、求められたことをすべて受諾し、ベルナルドがピピンとその臣下について約束したことを全力を尽くして果たすように求めた。(2)

方々の障碍も取り除かれたように見え、自分たち〔ルートヴィヒとカール〕の希望も叶えられることになったので、ルートヴィヒは軍勢を率いてライン地方に行き、カールは母君を伴ってロアール地方に入った。このように、かれらは帝国全体の利益を痛ましいほどの軽率さをもってなおざりにし、それぞれ勝手に引き上げた。ピピンはそれを知らされると、カールに提示したばかりの和睦の願望を取り消した。ベルナルドはかれのもとに赴き翻意を促したが、まったく受け入れられなかった。しかしピピンの側から離脱者が続出し、こうしてカールの遠征はかれにとって少なくともいくらかの協力者を得るのに役立った。

　その間、カールはフランク人が自分に帰順しようと欲しているか否かを知ろうとして、かれらが代表者を送るように求めていたキエルジーにアデラルド(3)その他のものを送ったが、かれらを出迎えたのは僅かの人々であった。かれらが言うには、もしカールが姿を見せるならば自分たちはカールに付くのを決してためらうものではないが、ただ、自分たちはカールが生きているか否かも知らないでいると付け加えた。実際ロタールの支持者たちは、カールは戦において討ち死にし、ルートヴィヒは負傷して逃亡したという噂を広めていたのである。したがって、こうした不確実な状況において、相手がだれであれこれと協定を結ぶことは無分別なことであると言い張った。そして、グントボルド(4)とかれのもとに集まったものはカールの使者たちに襲いかかる振りをし、またその気になれば、実際に襲いかかったことであろう。そのため、アデラルドと連れのものたちは、カールに対しできるだけ速やかに自分たちを窮地から助け出し、また、フランク人たちがそのことば通り果たしてかれに帰順しようと欲しているか否かを自分の目で確かめて欲しいと求めた。それからかれらはパリの町に行き、カールの到着を待つことにした。

　それを知ったカールは、すぐにその地方を目指して進んだ(5)。そしてセーヌ川に到着し、エポーヌでアデラルドと連れのものたちに会った。かれは、その兄弟〔ルートヴィヒ〕と合意していた九月一日のラングルにおける会見が差し迫っていることを気にしつつも、兄弟〔ルートヴィヒ〕と合意したことを遵守すると同時に、自分に帰順しようと望むフランク人にそれを実行させるため、少なくともボーヴェ、コンピエーニュを急ぎ足で巡り、のちランスとシャーロンを経てラングルに行くのがよいと考えていた。しかしフランク人たちはアクイタニア人と同じくこの一握りの人々を軽く見て、アクイタニア人たちがしたように様々な口実を並べ立て臣従することを先延ばしにした。

それを見て取ったカールはすぐに、先に述べた道を急いだ。そしてソアソンの町に着いたとき、かれを出迎えたサン・メダールの修道者たちは、聖メダルドゥス、聖セバスティアヌス、聖グレゴリウス、聖ティブルキウス、聖ペトルスと聖マルケッリヌス、聖マリウス、聖女マルタ、聖アウディファクスと聖アバクック、聖オネジムス、聖女メレスマ、聖女レオカディアといった聖人たちの聖遺骸を、すでに建築も大部分、終わっていたバシリカに移すように願い出た(6)。それらの聖遺骸は今もここにある。カールは修道者たちの要望に応えてそこに留まり、かれらの願いどおりに、最大の畏敬を尽くして自分の肩に担いで聖なる遺骸を運んだ(7)。さらに、かれは正式の証書をもってベルニーと呼ばれる村を先述した教会の財産に加えた。

そうしたあと、カールはランスに赴き、[8]そこで、予定されていたラングルでの会見にルートヴィヒは臨めないだろうという知らせを受けた。ロタールが武力をもってかれの王国に侵入しようと窺っていたからである。[9]さらに、かれ〔カール〕の叔父フーゴとマースガウの伯ギスレベルト[10]は、もしかれが自分たちの方に来るならば、自分たちも他の者とともにかれに味方するであろうと知らせて来た。

（3）　そのためカールは、サン・カンタンに向かった。[11]それはその兄弟〔ルートヴィヒ〕を援助するため、また自分に帰順しようと望む人々を受け入れるためであった。かれはそこで指示しておいたとおりにフーゴの出迎えを受け、それからマーストリヒ地方に向けて出発した。しかしロタールはそれを知ると、少し前まで追跡しようと決めていたルートヴィヒを無視してすぐにヴォルムスからティオンヴィルの館に行き、そこに招集しておいた集会に出席し、カールを攻撃する方法について策を練った。[12]

その時、ヴァッサイゲス[13]にいてそのことを知らされたカールは、ギスレベルトとその臣従者たちを固い盟約をもって味方に付けるため、フーゴとアデラルドをかれらのもとに使者として送った。[14]さらにかれはラバノ[15]をルートヴィヒのもとに送り、この地方に来て自分を援助するように求めた。かれの到着を知ったロタールが計画を変更し、全軍をあげてかれを迎撃する準備を進めていたからである。カールはそのことを知らせ、これまでのようにできるだけ速く援けに来るように頼んだ。それからかれは——いつものとおり敬意を込めて——尊敬すべき司教エクセメノ[16]をロタールのもとに送り、自分〔カール〕がかれ〔ロタール〕の兄弟であり代子であることを思い出してくれるように[17]、また父皇帝が兄弟たちの継承分について取り決めたことをかれ〔ロタール〕とその家臣たちは尊重すると誓約したこと[18]、さらに、ごく最近、かれ〔父皇帝〕の意志は神の裁き〔戦さ〕によって兄弟たちに明示されたことを想起してほしいと[19]、懇願し哀願するように命じた。またたとえロタールがそれらすべてを思い出したくないとしても、神の聖なる教会を迫害することをやめ、貧者や寡婦、孤児に慈善を行い、また二度とキリスト教徒たちに殺し合いをさせないためにも、父皇帝の同意のもとにカールに与えられた王国に立ち入ることを控えるようかれに求めた。こうした対策を取ったあとかれはパリに行き、その兄弟ルートヴィヒと全地方から招集した自分の他の支持者たちの到着を待つことにした。

この知らせを聞いたロタールは、この町に向かった。かれは、夥しい数のサクソン人[20]、アウストラシア人、またかなりの数のアラマニア人を従え、これほどの援助に大いに意を強くし、自信を深めつつサン・ドニに到着した。さらに例年、九月にはそうであるが、セーヌ川の水位は低かったのでいとも容易に渡河することができた。そのため、かれらは容易に渡河できたことを得意がり、いかにも渡河に苦労した振りをしていた。

従ってカールは、若干のものをパリとムランを守るために残し、他のものは浅瀬や船があることを知っていたすべての場所に配置した。そしてかれ自身は、サン・ドニの対岸にあるサン・クルーの近くの中心的な場所に陣営をおいた。(21) それは、事態の展開に応じてロタールの進路を断つためであり、またロタールがどこかでかれの軍勢を攻撃した場合これを救出しうるためであった。そして、どの場所に援軍を出すべきかを容易に察知するため、舟航の仕方を取り入れ適当な地点に信号所と見張り人を配置した。そこで、実に不思議なことであるが、われわれの知る限り二か月前からどこにも雨は降らなかったのにセーヌ川は水嵩を増し、空には雲ひとつないのに急に周囲の浅瀬は全部、徒渉不可能になった。

こうした事実をまえに、ロタールはどこを見ても渡河は不可能になったことを見て取り、人を送ってカールと和平を結ぶことを切望している旨を告げさせた。それによると、カールはその兄弟ルートヴィヒと宣誓して結んだ盟約を破棄し、それと引き換えにロタール自身はその甥ピピンと宣誓をもって結んだ協定を取り消し、こうしてカールはセーヌ川の西岸の領地――プロヴァンスを除く――を取得し、ふたりは恒久的和平をもって結ばれるであろうというのであった。実は、かれ〔ロタール〕はこうしてふたりの兄弟を簡単に欺きうると考え、この姦計をもって全帝国を奪取しようと目論んでいたのである。

これに対しカールは、自分は必要があって兄弟と結んだのであり、今更それを破棄する気などまったくないこと、またロタールがムーズ川からセーヌ川までの地方を放棄することはありえないと思われること、なぜならかれはそれを父皇帝から受け、とくにこれらの地方の大多数の貴族たちによって承認されていて、今かれらの忠誠心を裏切るべきではない旨を返答した。したがってカールはかれに対し、冬も近いし、もし望むならば自分たちの意のままに僅かの人を伴いあるいは反対にすべての支持者を伴って皆が集合することのできる春まで、父皇帝が自分たちに分配した領地を現状どおり保持することを提案した。そしてその時、以前の合意通りにするか、あるいは新たな合意が得られないならば、そこで各自に帰属するはずのものを武力をもって決定しようということにした。ロタールは、例の通りこの話を無視し、サン・ドニを去って、自分を援助するためアクイタニアからやって来たピピンに合流するためサンスに向けて出発した。一方カールは、ルートヴィヒの援助を取り付けるための方策を探っていた。
（4）その間に、カールの姉妹ヒルデガルデ(22)がかれ〔カール〕の臣下のひとりアデルガールとかいう者を捕え、ランの自宅で厳重に監視しているという知らせが入った。そこでカールは、腕利きのものを選りすぐって、日没にも拘わらず、すぐに大急ぎでこの地方に向かった。(23)ランは三〇里位しか離れていないからである。かれはひどい霜のなかを夜通し駆けた。そして第三時〔朝の九時〕ごろになって、(24)突然、カールの姉妹〔ヒルデガルド〕と住民たちはかれが無数の戦士を従えて到着し、町を包囲する態勢にあることを知らされた。この知らせを聞いて怯えた町の人々は逃げ出すことも城壁を守ることもできず、その同じ夜、和平を乞い、アデルガールをすぐに引き渡し、かれら自身また町も、何ら抵抗することなく翌日からかれに服従することを約束した。

その間、戦士たちは待つことに疲れ、一晩中苦しみ抜いたあと、方々からこの町に襲いかかろうとした。もしカールが神の諸教会とその姉妹〔ヒルデガルデ〕、またキリスト教徒に対する情に動かされ、苦労しながらではあったが脅しと甘言とをもってかれらの心を宥めなかったならば、おそらく町は瞬く間に掠奪され放火されていたであろう。こうしてかれは戦士たちを退かせ、姉妹から依頼されたとおり町から離れ、サムシーに行った。(25)翌日、ヒルデガルデは約束したとおりかれの庇護のもとに身をおき、異議を申し立てることもなく無傷のままの町をかれに明け渡した。カールはその姉妹をやさしく受け入れ、かの女がこれまで自分に逆らって来たことをすべて赦し、兄弟が姉妹に対して取るべき寛容な態度を取り、善意と愛情に満ちたことばをかけ、もしかの女が以後かれに忠実にとどまることに同意するならば、どこにでも自由に行くことを許した。一方、かれはランの町に対しては要求を呑ませたあと、パリの近くに残していた味方の方に戻った(26)。

一方ロタールはサンスでピピンに会い、不安のうちに何をなすべきかを思い巡らしていた。なぜならカールはその軍勢の一部にセーヌ川を渡らせ、一般にペルシュ地方と呼ばれている森林地帯に向かわせていたからである。ロタールは、かれらが自分あるいは自分の軍勢を攻撃してくるのを恐れ、まずこの軍勢を攻撃することに決めた。かれは、こうすることによってかれらをかんたんに全滅させ、他のものには威圧を加えてその勢いをそぎ、とくにブルターニュ伯ノメノエを自分の配下に置こうと望んでいた。しかし、こうした計画のうちどれも成功しなかった。カールの軍勢は全軍、無傷のままかれの手を逃れたし、またロタールはだれも離反させえなかったからである。一方ノメノエは、ロタールが提示したことを悉く横柄な態度をもって拒絶した(27)。こうした状況においてロタールは、ルートヴィヒとカールがそれぞれ多数の軍勢を伴って合流しようとしているという急報を受け取った。かれは、あらゆる面で自分が逆境のど真ん中に立たされたことを見てとり、無駄な回り道をしたあとトゥレーヌの外に向けて退却を始め、全軍疲労困憊し、またかれ自身も意気消沈してフランキアに辿りついた。[28] 一方ピピンは、ロタールと手を組んだことを後悔しつつアクイタニアに退いた。

その間カールは、マインツの司教オトガールが他の幾人かと組み、自分と合流しようとした兄弟ルートヴィヒのライン渡河を阻止したことを知った。そこでカールは、急遽、トゥールの町を経てアルザス地方のサヴェルヌに入った。オトガールは、それを知るとすぐに従者とともに退いてライン川岸を離れ、各自われがちに身を隠した。

（5）　したがって、〔八四二年〕二月十四日、ルートヴィヒとカールは、かつてはアルゲンタリアと呼ばれ[29]今は一般にストラスブールと呼ばれている町に集まり、ルートヴィヒはロマンス語で、[30] カールは古高ドイツ語で、[31] 以下に述べる誓約を取り交わした。しかし誓約を立てるまえに、かれらを取り巻く群衆に対し、ひとりは古高ドイツ語で、もうひとりはロマンス語で訓示した。まず年上のルートヴィヒが立ち上がって、〔ラテン語で〕つぎのように語り始めた。

「みなも知ってのとおり、われわれの父皇帝がこの世を去ったあと、ロタールは幾度、われわれつまり私とここに臨席する私の兄弟とを追い回し、皆殺しにし消し去ろうとしたことか。血縁、宗教その他いかなる道理も、われわれの間に正義にもとづく平和を保持する手段とはなりえず、ついにわれわれはやむなく、各自の権利に対する神のご判断に従う心構えのもとに、こうした事態を全能の神の裁きに委ねた。その結果、みなも知っているように、神の憐みによりわれわれは勝利を収め、かれは打ち負かされ、家臣を連れ命からがら逃げのびた。しかしわれわれはその後、兄弟愛に動かされ、また同じキリスト教徒に対する惻隠の情に駆られて、かれを追撃しようとも殲滅しようともしなかった。われわれはただかれに対し、少なくとも今後、これまで正義によって各自に帰属するとされてきた分を認めるように求めたのである。

にも拘わらず、かれは神の裁きには不満で、武器をもって私とここに臨席する弟「カール」を再度攻撃することをやめようとしない。さらにかれは、放火、掠奪、虐殺をもってわれわれの領民を苦しめている。したがって今われわれは、必要に迫られてここに集まり、そなたたちがわれわれの不変の忠誠心と堅固な兄弟愛について疑念を抱いているのではないかと懸念し、そなたたちの面前で、相互に、つぎのような宣誓をすることに決めた」。

「われわれがこうするのは、何らかの不正な欲望に駆られてではなく、むしろもし神がそなたたちの援助のおかげでわれわれに平安を与えて下さるなら、みなの利益を確保するためである。しかしもし、あってはならないことであるが、私が兄弟に対して誓った誓約に違反するようなことがあったならば、私は、そなたたちすべてを私に対する服従の義務から解放し、またそなたたちが私に対して立てた誓約からも自由にする」。

カールが同じ宣言をロマンス語で繰り返した後、まず、年長のルートヴィヒがこれを守ることを宣誓し、〔ロマンス語で〕つぎのように述べた(32)。

「神の愛にかけて、またキリスト教徒とわれわれに共通の救いにかけて、本日以降、神が私に知識と能力を与えて下さるかぎり、私は兄弟カールを援助するであろう。また、人はすべてにおいて自分の兄弟を援助しなければならないが、それと同じく、かれが公正に私に対して同じようにしてくれるならば、私も自ら進んで、兄弟カールに害を及ぼしうるようないかなる訴訟もロタールとともに起こすことはしないであろう」。

ルートヴィヒが話し終えたあと、カールは同じ宣言を古高ドイツ語で、つぎのように述べた。

「神の愛にかけて、またキリスト教徒とわれわれふたりの救いにかけて、本日以降、神が私に知識と能力を与えて下さる限り、私はこの兄弟を援助するであろう。人は、公正さの求めるところに従いその兄弟を援助しなければならないように、かれが私に対して同じようにしてくれるならば、私もかれに害をもたらすようなロタールとのいかなる協定も自ら進んで結ばないであろう」。

そして、各民族がそれぞれの言語で宣誓したが、それは、ロマンス語ではつぎのようになる。

「もしルートヴィヒがその兄弟カールに対して立てた誓約を守り、一方、私の主君カール王が立てた誓約を守らず、また私がそれを阻止しえないならば、私と、私が阻止しうる人々のだれも、ルートヴィヒに反対するためのいかなる援助もかれ〔カール〕に提供しないであろう」。

そしてこれは、古高ドイツ語ではつぎのようになる。

「もしカールがその兄弟ルートヴィヒに対して立てた誓約を守り、一方私の主君ルートヴィヒ王が立てた誓約を守らず、また私がそれを阻止しえないならば、私と私が阻止しうる人々のだれも、カールに反対するためのいかなる援助もかれ〔ルートヴィヒ〕に提供しないであろう」。

こうしたことが行われたあと、ルートヴィヒはライン川沿いにシュパイアーを経由して〔ヴォルムスを目指して〕進み、カールは、ヴォージュ山脈沿いにヴィッセンブルクを経てヴォルムスへと進んだ。

先に述べた戦があった夏はひじょうに寒く、すべての作物は収穫がひどく遅れていた。しかし秋と冬はいつものとおりやって来た。そして、先に挙げた兄弟ふたりと民族の重立だった人々が上述の誓約を立てたその日には、突然、霜が降り、大量の雪が降り積もった。ひとつの彗星が、十二月、一月、さらに二月の、上述した会見のあった日まで[33]、魚座の中心に現れ、会見が終わると、人によっては琴座ともアンドロメダ座とも呼ばれる星座と大熊座との間の闇に消えた[34]。季節と星辰の動きについて少し述べたが、話を戻して歴史の流れを追うことにしよう。

ルートヴィヒとカールは、ヴォルムスに到着したあと、直ちに使者を立ててロタールとサクソン人のもとに送り、ヴォルムスとマインツの間の地点で、使者たちの帰りとカルロマンの到着を待つことにした[35]。

(6) ここで、この王たちに対する人物評価と、ふたりの間における協調について若干の説明を加えるのも余分なことではなく、むしろ楽しく有益なことであるように私には思われる。

両人とも、体型は中ぐらいで、優雅さと美貌に恵まれ、あらゆる活動に対する能力と適性を備えていた。かれらはふたりとも勇敢かつ寛大で、聡明であると同時に雄弁でもあった。こうしたすべての高貴さに優って、この兄弟の間には崇高にして尊ぶべき心の一致が際立っていた。かれらはほとんどいつも食卓を共にし、自分たちが持っている貴重なものはすべて、気前よく与え合っていた。かれらはひとつの住居で寝食を共にし、公的な事柄にも私的な事柄にも心をひとつにして当たっていた。またふたりは、それぞれ相手にとり有用かつ適切であると思われることしか求めなかった。

またふたりはしばしばつぎのような手順で、訓練のための競技を催していた。かれらはこうした類の見世物に適した場所に集合し、観衆はそれぞれ両側に分かれて並んでいた。まず、両側からそれぞれ同数のサクソン人、ガスコーニュ人、アウストラシア人、ブルターニュ人が早駆けで、さも摑み掛らんばかりの勢いで相手めがけて突進し、そのあと一方は反転して盾をもって身を守りつつ敵の手から逃れる振りをし、他方はそれを追跡していた。つぎに、役割を逆にして、最初に逃げた側が追手を追跡するのであった。そしてさいごに、人々の大歓声のなか、若さに溢れるふたりの王が馬に跨って姿を現わし、槍を振りかざしつつ、まず一方の敗走者に、つぎに他方の敗走者に襲いかかるのであった。それは、これに参加した貴族たちの数、またその場における気品ある態度からして、一見に値する光景であった。実際、これほど多様かつ多数の民族が集まっているのに、少数の懇意な人々の間でよく見られるように、相手に対して悪事を仕掛けたり侮辱したりするものはだれもいなかった。

（7）　こうした状況のなかで、カルロマンがババリア人やアラマン人から成る強力な軍隊を従えて、マインツにいる父親〔ルートリッヒ・ババリア王〕のもとにやって来た(36)。またサクソン人のもとに派遣されていたバルドもそこにやって来て(37)、サクソン人はロタールの提案を無視し、むしろルートヴィヒとカールがかれらに命ずることはすべて喜んで受け入れるであろうという知らせをもたらした。さらにロタールは、軽率にも自分のもとに送られてきた使者に耳を貸すことを拒否し(38)、このことは、ルートヴィヒとカール、またかれらの全軍勢を怒らせ、かれらをロタール攻撃へと向かわせた(39)。

そのため、その年〔八四二年〕の三月十七日、かれらはこの地方の作戦に乗り出し、カールはヴォージュ山脈を越える険しい道をとり、ルートヴィヒはビンゲンとライン渓谷の道をとり、カルロマンはアインリヘ地方を経由して進み(40)、三人は翌日〔八四二年三月十八日〕の午後一時ごろコブレンツに到着した。かれらはすぐにサン・カストール修道院に行き、そこで祈り、ミサに参加し、そのあと王たちは武装して舟に乗り込み、難なくモーゼル川を渡った。そしてマインツの司教オトガール、ハット伯、ハロルド(41)その他、ロタールが〔王たちの〕渡河を防ぐためにそこに残しておいたものはみな、かれらの到着を見て恐れをなし、川岸から逃げ去った。また、ジンツィヒに居たロタールも、兄弟たちがモーゼル川を渡ったことを知ると、その首都〔フランキアの首都つまりアーヘン〕と王国を急いで離れ(42)、自分に付き従うことを決意したいくらかの家臣だけを従え、他のものは放置してローヌ川岸に退いた。

第三巻は、ここで、ロタールによる二度目の戦の結末をもって終わる(43)。

第四巻　ロタールとの三度目の戦と和平のための予備会談（八四二年）

先に述べたように、歴史の語り手としての仕事を続行することは私にとって喜ばしいことではあるが、しかし同時に、私の魂は不安に包まれ争いの渦中にあってすべての政争から完全に逃れる方法を絶えず探している(1)。とはいえ、運命によってふたつの陣営の間に起こるすべてのことに関与せざるをえない私は、心ならずも、恐ろしいあらしに翻弄され、実際、どの港に入ろうとしているのかまったく分からずにいる。それでもなお、いくらかの余暇を見つけては、命じられたとおりに、われわれの君主たちと高貴な人々の言行を書き留め記憶に残すことに専念したとしても、何の不都合があろうか。したがって私は、この第四部の作成に取り組むことによって、たとえ未来の出来事の展開に役立ちえないとしても、少なくともこの働きをもって後代の人々のために誤謬の闇を吹き払おうと念じている。

（1）　ルートヴィヒとカールは、ロタールが自分の王国から離れたことを確認したあと、当時、フランキアの首都であったアーヘンの宮廷に入り、翌日、兄弟〔ロタール〕が放棄した民衆と王国を取り扱う上で最良と思われる方法について討議を重ねた。そしてまず、かれらは司教、司祭たち――その大部分のものはそこに出席していた――にこのことを知らせるべきであると考えた。それは、自分たち〔兄弟ふたり〕が決定した方法の根拠と効力が、いわば神の意志によるものであることを示すためであった。そしてこの意見は理にかなうものとされ、かれらに任された。

こうしてロタールによる策謀の一部始終があばかれ、かれがどのような手段を用いて父皇帝をその帝国から追放したか、[2]またかれが幾度となく自分の欲望のままにキリスト教徒たちに誓わせたこと、さらにかれ自身、幾度となく父〔皇帝〕と兄弟たちに対する約束を破ったこと、また父親の死後、幾度となく兄弟たちの相続権を奪い取ろうとし、かれらを亡き者にしようとしたこと、またかれの忌まわしい欲望のために全教会がどれほどの殺人、姦通、放火、またあらゆる種類の犯罪に見舞われたか、さらに、かれが国を統治する能力に欠け、その統治には善意のかけらも見出しえないことが取り上げられた。[3]〔ふたりの兄弟は〕こうしたすべての理由をもとに、ロタールが先ず戦場から次いで自分の王国から逃亡したのは、かれが間違ってそうしたのではなくむしろ全能の神の公正な裁きによるものであったと言明した。

これによってすべてのものが、神はロタールが犯した重罪の罰としてかれを排除し、かれよりすぐれているふたりの兄弟に帝国の統治を委ねたことを一致して認めた。しかし人々は、このふたりが追放されたロタールの路線ではなくむしろ神の意志に従って統治しようと望んでいることをはっきりと確認するまで、ふたりの権利を認めようとはしなかった。そこでふたりの兄弟は、自分たちと臣下のものたちは神の意志に従い、神から与えられた統治の知識と能力に応じて治め支配する旨を答え、これに対し司教たちはつぎのように付言した。「われわれは神の権威にかけて、あなた方がこの王国を受け継ぎ、神の意志に従って支配するように勧め、励まし、命ずる」(4)と。

そこで、ふたりはこの使命を果たすために、それぞれの家臣のなかから十二人——私〔ニタルト〕もそのうちの一人であった——を選んだ。そしてふたりは、王国を自分たちの間で分割するに当たって、この十二人が〔兄弟たち〕それぞれに適当であると判断した部分を受け入れた。こうした分割においては、それぞれの部分の豊かさや広さにおける平等というよりも、各部分の近さと均衡ということが考慮された(5)。こうして、ルートヴィヒは全フリジア地方を手に入れ……カールには……他の部分……(6)。

（2）　そうしたあと、ふたりはそれぞれ自分に帰属することになった人々を受け入れ、忠誠の宣誓をもってかれらとの絆を固めた。そして、カールは自分の王国を立て直すことを目指してムーズ川を渡り、ルートヴィヒはサクソン人のことを考えてケルンに入った。(7)(8)

ところで、サクソン人がおかれていた状況は私の考えではきわめて重要で、ここで触れないわけにはいかない。ヨーロッパに住むものには周知のことであるが、すべての民族によって正当にも大帝と称えられたカールは、多大かつ多様な労苦をもってサクソン人を空しい偶像崇拝から引き離し、神による真のキリスト教に回心させたのであった。一方、かれらは当初から幾度となく自分たちが好戦的であると同時に、気位の高い民族であることを実証した。この民族全体は、三階層に分かれていた。かれらのうちあるものは、かれらのことばで edhilingi と呼ばれ、あるものは frilingi、あるものは lazzi と呼ばれた。それは、ラテン語では nobiles〔高貴なもの、貴族〕、ingenuiles〔解放されたもの、自由人〕、serviles〔奴隷、農奴〕という意味である。しかし、かれらの間で高貴なものとされていた階層は、ロタールとその兄弟たちが仲違いした結果、ふたつに分かれ、あるものはロタールに、他のものはルートヴィヒに付いていた。(9)(10)

こうした状況においてロタールは、兄弟たちの勝利のあと、自分に付いていた人々が離れていこうとするのを見、また様々な必要に迫られて、自分の権力の及ぶ限りのあらゆる方法をもって支持者を探し求めていた。かれは、あるものには王国の領地を個人の用地として惜しみなく分け与え、あるものには自分が勝利した暁には自由を与える約束をし、またサクソニアにおいては膨大な数の自由人（frilingi）と農奴（lazzi）に使者を送り、自分に味方するならば、先祖が偶像を拝んでいたころ持っていた法を認めると約束した。これに対し自由人と農奴は、何にもましてそれを手に入れたく思い、「ステリンガ」(stellinga) という新たな名のもとに同盟を結び、王国から自分たちの領主のほぼ全部を追い出し、古来の慣習に従って各自、気ままに生活するようになった。さらにロタールはノルマン人に援助を求め、キリスト教徒の一部をかれらの配下におき(11)、その他のキリスト教徒に対する掠奪を許した。

そのためルートヴィヒは、このノルマン人とスラブ人が、自分たちと隣接して暮らす自称「ステリンガ」のサクソン人と手を組んで自分の王国に侵入し、キリスト教徒を排除することを恐れ、上述したようにとくに〔以下、空白〕……かれは〔ケルンに〕行き(12)、自分の王国に降りかかろうとしている混乱のすべての原因を取り払い、またこうした忌まわしい不幸が神の聖なる教会に襲いかかることのないよう、あらゆる手段を講じた。そうしたあと、未来のために良かれと思われることについて討議するため、ルートヴィヒはティオンヴィルの館を経てヴェルダンの町に行き、一方カールはランスの町を経由してそこに行った。

(3) 同じころ、ノルマン人はカンタヴィッチで掠奪を働き、そこから海を渡って、同じようにハリッジとノリッチを荒し[13]、掠奪し破壊した。一方、ロタールはローヌ川の沿岸地方に退き、そこで川に浮かぶ船団に守られて陣営を構え、可能な限りの人々を至るところから援軍として集めた。またかれは兄弟たちに使者を送り、和平会談をどこで行うか知らせてくれるなら重立ったものをそこに送るだろうと告げた。

それに対する兄弟たちの返事は、だれであれ望むものを送るがよい、自分たちの居場所はだれでも容易に分かるだろうということであった。そして兄弟たちはともにトロアを経てシャーロン〔シュール・ソーヌ〕の町に向かった[14]。かれらがメッルセー[15]に到着した時、ヨセフ、エベルハルト、エグベルト[16]がロタール側の他のものとともにやって来て、ロタールは神と兄弟たちに背いたことを認めていること[17]、兄弟たちやキリスト教徒と争うことはもはや望んでいないこと、さらに、兄弟たちが父皇帝から自分〔ロタール〕に譲渡された皇帝の称号と祖父帝〔カール大帝〕がフランクの王座に付加した帝権の威光を考慮して、帝国の三分の一以上のものを追加して自分に与える意志があるか否か、もしそれが叶わないならば、ロンバルディア、ババリア、アクイタニアを除く全体の三分の一だけを譲渡すること(18)、また、自分たち各自が神のお助けと他のふたりの兄弟の援助と好意のもとに自分の分け前の王国をできるだけ最善の方法をもって治め、また、みなが平和と自分たちの臣下に対する定めについて一致すること、こうして神のお導きのもと三人の間に恒久の和平が保たれるように配慮することを求めた。

これを聞いたルートヴィヒとカールは、こうした提案は自分たちと民全体との意にきわめて叶うものであるとして受け留め、それぞれの重立った家臣たちと集まり、その提案に対して取るべき態度について喜んで検討に入った。かれらは、これこそ自分たちの罪のためまったく成しえなかったとはいえ自分たちが不和に陥った当初から切望し、しばしばロタールに想起させようとしてきたことであると語り合った。そうしながらもかれらは、いつも和平と一致を無視して来た兄弟〔ロタール〕が、神の計らいによって今それを願い出たことについて、自分たちを援助してくれた全能の神に感謝を捧げた。

そこでかれらは、神の意志がどちらを選ぶにせよ、すぐ喜んでそれに従うことができるように、例の通りこのことについて司教、司祭たちの考えを求めた。かれら〔司教、司祭〕は、兄弟たちの間に和平が結ばれることはあらゆる点から見て最良のことであるとしてそれに同意し、使者たちを呼び寄せ、その提案を受け入れることを告げた。そして、四日あるいはそれ以上の間〔帝国の〕分割について討議を重ねたあと、かれら〔ふたりの兄弟〕はロタールに対し、帝国の三分の一としてライン川とムーズ川の源流までの間、ソーヌ川についてはその源流からローヌ川との合流地点まで、ローヌ川についてはティレニア海まで、これらの領域内にある司教領、大修道院領、伯領とアルプス以北の皇帝管轄区を含めて……は除いて……もしかれ〔ロタール〕がこの部分の受諾を拒否するならば、武力をもってそれぞれに帰属するはずのものを決めるよう提案した(19)。

提案されたこの分割案は、若干の人々には正当かつ適正な限界を超えていると思われたが、これをコンラド、コッボ、アデラルド(20)その他のものに託してロタールに伝えさせ、その間自分たちは、使者たちが帰ってかれの返答をもたらすまでその場で待つことにした。

ロタールのもとに到着した使者たちは、例の通りかれが少々不機嫌であることに気付いた。実際、かれはその分割案は公正ではなく、この提案には満足していないと答えた。さらにかれは、自分に提示された分け前は自分に従った家臣たちが失うものを補償するのに不十分であると不満を述べた。そのため、どのような策略に騙されたのか私には分からないが、使者たちは、ロタールのものとされていた部分をシャルボンニエールの森にまで拡大した。さらにかれらは、もしロタールが、兄弟全員が集まるまでにこの提案を受け入れるならば、ふたりの兄弟は誓約をもって、ロンバルディア、ババリア、アクイタニアを除く[21]帝国の領土を可能な限り公正に三分し、ロタールはそのなかから欲する部分を選び取り、ふたりの兄弟はロタールが生きている間かれの分を保証し、またロタールも他のふたりの部分を保証するという条件で、ロタールに異存がないならばその通り実践することを約束すると誓った。そこでロタールも、兄弟たちが使者たちによる誓約に同意するという条件のもとにそれを受け入れ、実践すると誓った。

（4）したがって、〔八四二年〕六月半ば〔一五日〕の木曜日、ロタール、ルートヴィヒ、カールはそれぞれ同数の貴族たちを従えてマーコンから遠くないアンシラと呼ばれる島[22]に集まり、つぎのことを誓約した。それはこの日以降、自分たちの間に和平を維持すべきこと、また自分の家臣たちが合意したばかりの貴族会議の決定に従い[23]、ロンバルディア、ババリア、アクイタニアを除く全帝国を可能なかぎり公正に宣誓をもって三分すること、こうした王国の三部分の〔ひとつの〕選択は〔まず〕ロタールが行うこと[24]、また三人の兄弟はそれぞれ自分が受ける部分を生涯にわたって保証されるべきであり、また他の兄弟は相互に他の兄弟の部分を保証すべきであるということであった。こうしたあと、三人は和やかにことばを交わし、残りの検討事項を翌日に延ばして平和のうちに分かれ、それぞれの陣営に戻った。

やっとのことでこうした結果に落ち着いたが、しかし三人の兄弟は、所定の十月一日の集会まで、自分の分け前の領地の望むところに静かに留まるということになっていた。こうしてルートヴィヒはサクソニアに、カールはアクイタニアに、それぞれ秩序を回復させるために赴いた。一方ロタールは、自分が考えていたとおりの帝国の分割に自信を深め、アルデンヌ山地に狩りに出かけ、(25)自分が逃亡したときやむなく離反した領地内のすべての貴族の財産を奪い取った。

サクソニアに入ったルートヴィヒは、先述したように、「ステリンガ」と自称していた人々の蜂起を見事にしかし法にもとづいて抑え込んだ。(26)アクイタニアに入ったカールは、ピピンを追い出した。しかしピピンが身を隠したので、特記するほどのことは何もできず、ただこの地方の安定を維持するためヴァリーノ公とかいうものの(27)指揮のもとに、自分に臣従すると思われるものをそこに残した。さらにトゥルーズ伯エグフリート(28)は、自分を討つためにピピンが送った支持者の何人かを策略を用いて捕えあるいは殺害した。そしてカールは、ヴォルムスに招集した貴族会議に出席するため兄弟ルートヴィヒとともに出発した。(29)

かれ〔カール〕は、九月三十日にメッスに到着し、ロタールがティオンヴィルの館にいることを知った。(30)ロタールは約束に反して貴族会議予定日以前にそこに入り、滞在していたのである。そのため、帝国の分割を実行するためメッスに滞在するはずであったルートヴィヒとカール側の人々は、自分たちの貴族はヴォルムスに、ロタールはティオンヴィルの館にいるという情況にあって、メッスで帝国の分割を進めることは賢明ではないと考えた。メッスからヴォルムスは七〇里ほど離れているのに対し、ティオンヴィルは約八里しか離れていなかったからである。[31]またかれらは、ロタールが余りにもしばしば兄弟たちを容易に欺きがちであったことを思い起こし、そのためなんらかの保証をかれ〔ロタール〕から得ずして、あえて自分たちの身をかれに委ねる気にならなかったのである。

　したがって、カールはかれらの身の安全を確保するためロタールのもとに使者を送り、かれ〔ロタール〕がそこに到着し滞在していることは兄弟たちとの合意に反していることを指摘し、もしかれが自分の使者と兄弟〔カール〕の使者とがともにそこに留まることを望むならば、使者たちの身の安全を保証するため人質を送るべきであると伝えさせた。さもなければ、かれ自身の使者をヴォルムスの自分たちのもとに送り、その場合この使者はかれ〔カール〕が求めている人質を連れてくるべきであり、それが受け入れられないならば、自分たち〔三人の兄弟〕はみなメッスから同等の距離に引き上げること、あるいはもしそれも望まないならば、〔兄弟たちの〕使者はかれ〔ロタール〕が望む中間の場所に集まること、なぜならこれほど多くの高貴な人々の生命を危険にさらすことは自分にはできないからであると伝えさせた。実際、使者は八〇人で、[32] かれらはすべての者のなかからすぐれて高貴なものとして選ばれた者たちで、かれによると、よくよく注意しないとかれらの死は自分と自分の兄弟〔ルートヴィヒ〕に甚大な損失をもたらしかねなかったからである。

その後ついに、一二〇人にのぼる兄弟たちの使者たちが人質なしにコブレンツに集まり、[33] できるだけ公正に帝国を分割することが互いのために良いという考えに達した。

（5）〔八四二年〕十月十九日にかれらはそこ〔コブレンツ〕に集まり、いかなる動機によるにせよ使者たちの間にいかなる争いも起こらないようにするため、ルートヴィヒとカール側のものはライン川の東岸に野営し、ロタール側のものはその西岸に野営しながら、かれら〔使者たち〕は毎日、会談のためサン・カストール〔修道院〕に集まった。[34] そして帝国分割のためルートヴィヒとカールによって送られた使者たちは、いろいろな要求に対処する段になって一体自分たちのうちだれか全帝国について明確な知識をもった者がいるのかという疑問をもつようになった。そうしたものはだれも見当たらなかったので、なぜ使者たちはそれまでの時間を利用して帝国を踏査し、自分で調査書を作成しなかったのかということが問題になった。かれらは、こうした調査にロタールが反対していることが明らかになったとき、自分たちは知らないものを公正に分割することは不可能であると言明した。そして最終的には、この分割はできるだけより正確で緻密な知識をもとに宣誓をもって実施されるはずのものであるが、だれもその知識がないまま分割を行うことはできず、果たしてこうした誓約を誠実に誓うことができるだろうかということが問題にされた。このことは司教たちにも知らされ、かれらの討議に付されることになった。

したがって司教たちはサン・カストールのバジリカに集まり、ロタール側の司教たちは、もしだれかが誓約を立て、それによって罪を犯したとしてもそれを償うことはできる、したがって神の教会がさらに長期にわたってこれほど多くの掠奪、放火、殺人、姦淫によって苦しめられるよりも〔帝国の〕分割を押し進めるほうがよいと述べた。しかしルートヴィヒとカールの側の司教たちはこれに反対し、いかなる必要性もないのに、なぜ自分たちは神に対して罪を犯さなければならないのか、と反問した。かれらは、ふたつの陣営の間に平和を確立し、双方が帝国全体に使者を送って踏査し帝国の正確な調査書を作成してはじめて、何の懸念もなく公正な分割を行うことができるであろうと主張した。またこうして自分たちは、見境のない欲望による反対がない限り偽りの宣誓とその他すべての罪を避けることができるのであり、また、自分で誓約に背くことも、まただれかにそうさせることも望まないと言明した。こうした意見の違いを前にして、使者たちはそれぞれの野営地に戻っていった。

その後、ロタール側の人々は自分たちは約束どおり誓約にも分割にも準備が整ったと伝え、一方ルートヴィヒとカール側の人々は準備が整ったのであればそれに越したことはないとして、みなが同じ家に集まった。そして結局は、どちら側の使者も自分たちの貴族の同意なしに相手が求めていることをあえて受け入れようとしなかったので、それぞれ貴族たちの同意を確認しうるまで自分たちの間で休戦協定を結ぶことにした。かれらは十一月五日までには確認を取り付けうると思い、この日を休戦協定の日限と決め互いに分かれた。

ちょうどその日、(35)大きな地震がほぼガリア全土にわたって起こり、また同じ日に、高名なアンギルベルトの遺骸がサン・リキエ修道院に改葬された。かれの遺体は、防腐処置がされていなかったにも拘らず、その死から二九年後に元のままの状態で発掘された。(36)かれは、当時知らない人はないほどの名門の出であった。マデルガウドとリカルドはかれと同じ家系に属し、当然のことカール大帝に高く評価されていた。かれ〔アンギルベルト〕はこの偉大な王の娘でベルタと呼ばれるものと結婚し、私の兄弟ハルトニトと私ニタルトを生んだ。(37)またかれは、全能の神と聖リカリウスを称えてケントゥロに見事な傑作〔修道院〕を建設し、(38)自分に託された家族を申し分なく治め、まったき幸せのうちに生涯を終え、ケントゥロで平和のうちに憩いに就いている。

私の出自について少し述べたが、再びこれまでの記述を続けることにしたい。

（6）先述したように、使者たちがそれぞれの王のもとに戻り自分たちの提案を知らせたところ、飢饉と冬の寒気が襲いかかり、また、一度、戦さを経験した民族の重立ったものたちは再び戦う気力もなく、洗者ヨハネの祝日〔六月二十四日〕のミサから二十日後まで(39)、休戦協定を延長することに合意した。そしてこれを取り決めるため、両陣営の貴族たちは、ティオンヴィルの館に集まった(40)。そこでかれらは、この間、王たちは相互間の和平を尊重すべきこと、またこの集会において、できるだけ公正に帝国を分割すること、そして先に誓約したとおり、ロタールが自分の部分を選択するのをいかなる方法をもっても決して妨げないことを誓った。そのあと、各自、思い思いの場所に引き上げた。ロタールは越冬するためにアーヘンに向かい(41)、ルートヴィヒはババリアに行き、カールは結婚するためにキエルジーに来た(42)。

同じころ、シギハルトの兄弟シゲヌルフに金で買われたムーア人がベネヴェントに攻めて来た。またそのころサクソニアでは、「ステリンガ」に属するものたちが再びその主君たちに背いて蜂起したが、戦いを挑んだあと大量に殺害された[43]。こうして、〔正当な〕権威者ぬきに自立しようとしたものは、権威者によって滅ぼされた。

先に述べたように、カールは、ウオドとインゲルトルデの娘でアデラルドの姪であるヒルメントルデと結婚した[44]。かれ〔カール〕の父親〔ルートヴィヒ敬虔帝〕はかつてこのアデラルドに対して好意を抱き、アデラルドが望むことはすべて帝国の統治において実施した[45]。しかしアデラルドが関心をもっていたのは公の利益ではなく、すべての人に迎合することであった。かれは、あるいは自由をあるいは公の収入を個人の用途のために分配させ、また各人が求めるものを実施するように勧告し、こうして帝国の金蔵をまったく空にした。こうした仕方で、またこうした雰囲気のなかでかれは容易に人々を邪道に引き込むことができたのであった。カールが上述の結婚を結んだわけもまさにここにあったのである。つまりかれは、こうして民衆の大部分を自分のもとに集めうると考えていたのである。

婚礼は、〔八四二年〕十二月十四日に行われ[46]、そのあとかれ〔カール〕は降誕祭をサン・カンタンで祝い、ヴァランシエンヌに行き、そこで、ムーズ川とセーヌ川の間の地方を警備するために残すべき家臣を決めた。そしてかれ自身は、八四三年の冬、妻とともにアクイタニアに向けて出発した[47]。その年の冬は、とくに厳しくまた長く、さらに疫病が蔓延し、また農作物、家畜、蜜蜂は甚大な被害を受けた。

（7）ここで、それぞれの人が学ぶべきことは、公の利益をなおざりにするという愚行を重ねるもの、また無分別に個人的、利己的欲望に身を委ねるものは、その双方において万物の創造主の怒りにふれ、宇宙のすべての要素もかれの常軌を逸した行動に反抗するということである。私はこのことを、まだほとんどすべての人々の心に残っている適切な例を引いてごく簡明に証明しようとしたのである。というのも、すでにほぼ三十年前に逝去し、幸せのうちに思い出されるカール大帝の時代には、人々は同じひとつの正しい道つまり主の公の道を歩んでいたので、かれらは平和のうちにあり、全地が睦み合って生きていた[48]。ところがこれに反して現在は、各自が自分の好む小道を辿っているため、至るところで対立、争いが起こっている。かつては、どこでも豊かさと喜びに溢れていたが、今はどこも窮乏と悲嘆に覆われている。宇宙の諸要素そのものが、あの頃はそれぞれの王に対して寛大であったが、しかし今は、「宇宙は……愚かな者どもに戦いを挑む[49]」と聖書に書かれているとおり、至るところですべての王に逆らっている。

実際、同じころ、三月二〇日〔八四三年〕には月食があり[50]、さらに、その夜、大雪が降り積もり、先述したように、神の公正な裁きによってすべてのものに悲しみがもたらされた。そして私は言う。掠奪やあらゆる種類の悪が至るところにはびこるにつれ、悪天候が襲い、すべての善良な人々の希望を奪い去った、と。

岩村 清太（いわむら・きよた）
広島大学大学院教育学研究科博士課程中退。大東文化大学名誉教授
〔主要業績〕『ヨーロッパ中世の自由学芸と教育』知泉書館, 2007年,『アウグスティヌスにおける教育』創文社, 2001年,『教育原理』共著, 協同出版, 1982年,『西洋教育史』池上書店, 1983年,『教育思想史』第2巻, 共著, 東洋館出版社, 1984年,『西洋教育史』共著, 福村出版, 1994年。
〔主要訳書〕P. リシェ著『大グレゴリウス小伝―西欧中世世界の先導者』2013年, ドゥオダ著『母が子に与うる遺訓の書』2010年, H. I. マルー著『アウグスティヌスと古代教養の終焉』2008年, P. リシェ著『ヨーロッパ成立期の学校教育と教養』2002年（以上, 知泉書館）, 同『中世における教育・文化』東洋館出版社, 1988年, H. I. マルー著『古代教育文化史』共訳, 岩波書店, 1985年

〔カロリング帝国の統一と分割〕　ISBN978-4-86285-235-9

2016年7月 5日　第1刷印刷
2016年7月10日　第1刷発行

訳 者　岩 村 清 太
発行者　小 山 光 夫
製 版　ジ ャ ッ ト

発行所　〒113-0033 東京都文京区本郷1-13-2
電話03（3814）6161 振替00120-6-117170
http://www.chisen.co.jp
株式会社 知 泉 書 館

Printed in Japan　印刷・製本／藤原印刷

訳　注

まえがき

1）　ニタルトの父アンギルベルト（Angilbertus, Anghilbertus）については，R. Aigrain, Angilbert, in Catholicisme, I (1948), col., 559-560; F. Brunhölzl, Geschichte der lateinischen Literatur des Mittelalters, I. Band, Brepols 1975), Histoire de la littérature latine du Moyen Age, t. I, vol. 2（H. Rochais による仏訳（Brepol, 1990），p. 58-60, 274）．アンギルベルトの詩集については，MGH, Poetae lat., I, 355-379 参照．

2）　ニタルトの母ベルタ（Bertha, Berehta）については，エインハルドゥス：ノトケルス著，国原吉之助訳注，『カロルス大帝伝』筑摩書房，1988 年，30 頁，本書 IV 巻，5-6 も参照。

3）　本書巻末のカロリング家系図参照。

4）　Lauer によると，ニタルトの『歴史』には，ユスティヌス，フロルス，サルスティウス，タキトゥス，ティトゥス・リヴィウス，キケロ，コルネリウス・ネポス，アッティクス，アンミアヌス・マルケッリヌス，カエサル，ヴェルギリウスといったかなり多数の古代著述家たちの作品の無意識的借用を指摘しうると考えている学者もいる。Manitius, Zur deutschen Geschichtsquellen des 9. Bis 12. Jahrhundert (Neues Archiv. t. IX, p. 617-618 et t. XI, p. 69, 70, 73). Lauer, Histoire des Fils de Louis le Pieux, Paris, 1964 (2e éd.), 1964, p. xiii 参照。Traube, Poetae latini aevi Karolini, t. III, p. 268 参照。

5）　Ph. Lauer, Nithard, Histoire des fils de Louis le Pieux, Paris, 1964, p.v 参照。

6）　Ph. Lauer, op. cit., p. vi-vii 参照。

7）　ニタルトは，とくにその第 1 巻においては年代記的な種々の史料のほかに，『ルートヴィヒ敬虔帝の生涯』（La vie de Louis le Pieux）という匿名の著者――かれは「天文学者」（Astronomus）と呼びならわされている――に頼っているようである。ニタルトの『歴史』は，とくに気象の言及においてこの『生涯』と少なからぬ類似点があるからである。「天文学者」は，『生涯』の第 59 章から 62 章において，

ある時はニタルト以上により簡潔に，ある時はより詳細に述べ，ある時は同じような，ある時はきわめて近い言い回しをしている。そのため，前者は後者を利用しているというものもいるが，しかしローエ（Lauer）は，むしろ両者は共通の原典から取り入れていると考えている。他方，ニタルトの著作は，アインハルトの『カール大帝伝』と『王年代記改訂』（かつては『アインハルトの年代記』と呼ばれた），またサン・ベルタン修道院に由来すると考えうる『年代記』――ニタルトは，その著者のひとりで 840 年と 861 年の間に執筆したトロアの司教プルデンティウスのことを知っていた――と類似している。さらに，本訳書の本文の注釈において指摘するように，ニタルトの『歴史』にはパウルス・ディアコヌス（Paulus Diaconus, 720 頃 -797 頃）の『ランゴバルド史』（Historia gentis Langobardorum 787 年以降）とよく似た内容があるとも言われている。Ph. Lauer, op. cit., p. xii-xiii 参照。

序

1） 著者ニタルトが呼びかけているのは，本書の執筆を求めたカール禿頭王である。

2） カール禿頭王がシャーロン・シュール・マルヌに攻め入ったのは 841 年 5 月半ばのことである。本書第 2 巻第 9 章 38 頁参照。

3） ルートヴィヒ敬虔帝のこと。本書巻末の家系図参照。

4） カール大帝のこと。家系図参照。

第 1 巻

1） カール大帝（Karolus Magnus. 742-814. フランク王 768-814）は，814 年 1 月 28 日 3 時つまり午前 9 時に，72 歳で死去した。エインハルドゥス・ノトケルス著，国原吉之助訳，『カロルス大帝伝』筑摩書房，1988 年，41 頁参照。

2） 実際，カール大帝は 768 年から 814 年はフランク王，そのうち 800 年から 814 年は西ローマ皇帝でもあった。

3） カール大帝は，正式の妻ヒルデガルデとの間に，カール・ジュニア，ピピン・イタリア王，ルートヴィヒ（のちの敬虔帝）の 3 人の男子と 5 人の女子があったが，ピピンは 810 年 7 月に，カールは 811 年 12 月に夭折した。『カロルス大帝伝』，第 3 部 18-19，邦訳，28-32

頁参照。本書巻末の家系図参照。

ルートヴィヒ敬虔帝（Ludovicus I, der Fromme, 778-840）；カロリング朝の西ローマ皇帝カール大帝の第3子。父皇帝の在世中にすでに共同統治者となる（813年）。修道者的な信心生活に熱心で，統治能力に欠け，それは皇子たちへの帝国の譲渡と，それに伴う皇子間の争いに顕著に示されている。かれは即位から3年後（817年），帝国をその長子ロタール，次子ピピン，第3子ルートヴィヒの3人にそれぞれ分与したが（本書第1巻第2章参照），しかし妻イルメンガルデの死後，ユディトと再婚（819年），末子カール（2世）が生まれると，これにも王国の一部を与えるため領土の分割をやり直そうとして先妻の3人の息子たちの反抗を受け，こうして父皇帝と皇子たち，また皇子たち相互の葛藤が繰り返され，その経過の一部が本訳書の内容となっている。

4）　カール大帝の遺産の分与については，大帝自身の意志が細かく記されながらも未完のまま残されている。ルートヴィヒ敬虔帝はこれを忠実に守ったが，ニタルトはそれを要約するなかで，いくらか混乱している部分がある。『カルロス大帝伝』第4部，33，43-48頁参照。

カール大帝とその正妻ヒルデガルデとの間には3人の娘があったが，アデライデは774年に死去し，遺産相続人となっているのは，ギセラ（Gisela）とベルタ（Bertha）のふたりである。そのひとりベルタは父親によく似ていたと言われ，宮廷詩人アンギルベルト（Angilbertus）の愛人となり，ふたりの男子をもうけたが，そのうちのひとりが本書の著者ニタルトである（本書第4巻第8章とこの章における注（37）参照）。カール大帝の結婚と子どもたちについては，エインハルドゥス・ノトケルス著『カロルス大帝伝』，第3部，18，28-32頁参照。

5）　この3人はいずれもカール大帝の婚外子である。本書巻末の家系図参照。

ドロゴ（Drogo, Drugo）。801年生まれ。母親は大帝の側室レギナ（Regina）。かれは，ルートヴィヒ敬虔帝によって剃髪させられたあとリュクスイユの修道院に送られ，820年同修道院院長となり，のちメッスの司教となって（823年），聖・俗にわたって重要な使命を帯びて活躍。当初はカール禿頭王に味方したが，のち帝国の統一を願ってロタールに付いた。885年没。メッスのサンタルヌル修道院に埋葬

された。

フーゴ（Hugo）。母親はレギナ。ルートヴィヒ敬虔帝によってサン・カンタンとシャルーの修道院に送られ（820年），のちサン・カンタンの修道院長になった。

テオデリク（Teodericus）。母親はアデライデ（Adélaïde）。かれも他の修道院に送られ，818年没。

6）カール大帝はすでに，自分とヒルデガルデとの間に生まれたピピンにイタリア王国を与えていたのであり，ルートヴィヒ敬虔帝はこのピピンの死（810年）後その子ベルナルドにこれを委ねたが，それは父大帝の遺志を継承したまでのことである。

7）「先述した兄弟たち」については，上掲注（5）参照。

8）こうしたニタルトの記述は曖昧で，より正確に言うと，間違っている。実際，3人の皇子が帝国を分与されたのは817年であり，ロタールは821年10月，エティコニド家のトゥール伯ウーゴの娘エルメンガルデと結婚し，ピピンは822年テウトドベルト伯の娘リガルデと結婚し，ルートヴィヒ2世（ババリア王）は827年，父敬虔帝の妻ユディトの姉妹エンマと結婚した。こうしてルートヴィヒ父子は同時に義兄弟となった。

9）こうした分割（「帝国整序令」Ordinatio imperii）は，817年アーヘンにおいて決定され，821年5月にネイメーヘンの集会において確認された。Böhmer und Mülhbacher, Die Regesten des Kaiserreichs unter den Karolingern, 2e éd.(1908), no 650, p. 271 ; no 735c, p. 295 参照。分割に関する文書については，Capitularia regum Francorum, éd. Boretius et Krause (Monumenta Germaniae, in -4o, t. I, p. 270-273) 参照。

10）ルートヴィヒ敬虔帝は，819年2月，ウェルフ伯の娘ユディト（Judith）と結婚した（Bömer und Mühlbacher, op. cit., p. 277, no 672 b)。伯はババリア，アレマニアなどに広大な領地を所有していた。ユディトは，美貌と才知に恵まれ，結婚当初からルートヴィヒ敬虔帝に絶大な影響力をもっていた。かの女は，母親にはシェルの修道院を，兄弟ロドルフにはサン・リキエとジュミエージュの修道院を，コンラドにはザンクト・ガレンの修道院を与えさせ，またかれらをルートヴィヒの近親者と結婚させて身辺を固めた。また，結婚後4年目に生まれた子どもにはカール大帝に因んでカールの名前を与えている。こうした野心的な勢力の拡大は，敬虔帝の初婚の子ども3人に不安を与

え，警戒させたのは当然のことである。Pierre Riché, Les carolingiens, p.152-153 参照。

11）フーゴ（Hugo）。トゥールの伯。ロタールの義父。上掲注（8）参照。

12）マトフリド（Mathfridus）。オルレアンの伯。かれは，自分に対する敬虔帝の信頼を自負していた。かれはカール（禿頭王）による領地と帝位の相続に反対し，一時的ではあったが，アクイタニアのピピンの指揮のもとにフーゴと協力してユディトを修道院に幽閉し，カールの相続を阻止したが，最終的にはマトフリドらの計画はヴェルダン条約によって失敗に終わった。なお，中世の知識人ヨナスは，マトフリドあてに『信徒の教育』（Institutio laicalis）を執筆している。岩村清太著『中世ヨーロッパの自由学芸と教育』知泉書館，2077年，281-313頁参照。

13）ここでニタルトは，Bernardum quendam という語を用いてベルナルドに対する反感を顕わにしている。ベルナルド（Bernardus）は，カール大帝のころトゥルーズの公であったヴィルヘルムスの子で，ルートヴィヒ敬虔帝の代子であった。かれは，イスパニアに侵入したアラブ勢力を斥けてバルセロナを解放し，その功績によって敬虔帝の顧問となり，宮廷の財宝係に任命され，のちユディトの保護者となり，幼いカール（禿頭王）の教育を託された。かれはのち皇子たちの争いに乗じて，アクイタニアをも独占しようとしてカール禿頭王に捕えられ斬首された（844年）。ベルナルドの行状については，本書第2巻第5章と，第3巻第2章；J. Calmette, De Bernardo sancti Guillelmi filio, Toulouse, 1902, in-8 も参照。ドゥオダ著，岩村清太訳，『母が子に与うる遺訓の書』，知泉書館，2010年，VI-IX頁参照。

14）これは829年8月のヴォルムスの一般集会においてであるが，この分け前には，実はアルザス，ラエティア（現在のチロル，バイエルン，スイスの一部）とブルゴーニュの一部が含まれていた。Böhmer und Mühlbacher, Regesten des Kaiserreichs unter den Karolingern, 2e éd. (1908), no 868a, p. 341 参照。

15）ユディトは，ポアティエのサント・クロア修道院に移送された。かの女のふたりの兄弟は，817年にアクイタニアを与えられていたピピン（敬虔帝の子で838年没）の監視のもとに，アクイタニアの修道院に幽閉された。ロドルフとコンラドについては，上掲注（10）

参照。

16）830 年と 833 年のルートヴィヒ敬虔帝に対する蜂起について，ニタルトは混同している。敬虔帝に修道生活に入るように圧力を加えたのは 833 年のことである。後出注（23）参照。

17）この集会は，830 年 10 月にネイメーヘンで開かれた。しかしユディトが夫のもとに戻されたのは，翌年の 2 月に開かれたアーヘンの集会の時である。Böhmer und Mühlbacher, op. cit., no 876c, p. 347; no 881, p. 350 参照。

18）これは 831 年のアーヘンの集会の結果である。Böhmer und Mühlbacher, op. cit., no 882, p. 351 ; Capitularia Francorum, éd. Boretius und Krause, (Monumenta Germaniae, in 4o, t. II, no 194, p. 20) 参照。

19）上掲注（13）参照。また，こうしたグンドバルドの要求を述べているのはニタルトだけである。

20）ヴァラ（Wala, Walana）。アデラルド（本書第 2 巻第 3 章注（12））の異母弟。カール・マルテルの婚外子ベルナルドの子で，カール大帝のいとこ。かれはアデラルドとともに宮廷において育てられ，かれと行動を共にし，アッテイニの集会の招集に奔走したようである。かれはアデラルドの後を継いでコルビの修道院長になっている（836 年没）。

エリザカール（Elisachar）。かれは，ルートヴィヒ敬虔帝の元宰相で，サン・リキエ，サントーバンの修道院長であった。

マトフリド。オルレアンの伯である。上掲注（12）参照。ここでのニタルトのことばは，Annales de Saint-Bertin (an. 882) とパスカシウス・ラドベルトゥスが述べたことと違っている（Epitaphe d'Arsenius, II, 14）。この両史料によると，ルートヴィヒ敬虔王はこれ以前にヴァラとマトフリドに恩赦を与えている。

21）教皇グレゴリウス 4 世（Gregorius IV. 在位 827-844 年）。ロタールは，帝国を独占しようとして，帝国の統一，家族の協調を目指すという口実のもとに教皇グレゴリウスの介入を求めた。教皇は，この要請を一致と平和を保証する霊的権力つまり教会の優位性を確立する絶好の機会として捉え，ある歴史学者によると，教皇は教権政治（体制）あるいは神権政治を考えていたのかもしれないと言う。こうした考え方は，「教会に属する魂への支配権は皇帝に属する地上のものの支配権に優る」という理屈に基づき，具体的にはとくに敬虔帝の治世

において目立つ帝国の統治における司教，修道院長らの活動において現出されている。グレゴリウスの今回の態度は，教皇が俗権による支配に直接に介入した最初の例で，こうした介入はこの後も試みられた。こうして教皇は，ロタールを伴ってイタリアから来た。と同時にかれはリオンの大司教アゴバルド，コルビの修道院院長ヴァラ，その他のフランキアの司教たちに書簡を送り，平和を確立するよう求めている。Annales de Saint-Bertin, année 833; Paschase Radbert, liv. II, ch. XIV, XVI, XVII; Agobard, Opera, éd. Baluze, t. II, p. 51 et 53; Jaffé et Wattenbach, Regesta pontificum Romanorum, t. I, p. 324; P. Riché, op. cit., p. 151 参照。

22）この山（mons Sigwaldi）の位置は明確ではないが，しかしそれはおそらくコルマール（Colmar）の北面にあるシゴルスハイム（Sigolsheim）の近くにあったに違いない。ここが，ルートヴィヒ敬虔帝が臣下から裏切られた「欺瞞の野」（campus mentitus, campus mendacii）であることは皆が認めている。Ph. Lauer, Nithard, Histoire des fils de Louis le Pieux, Paris, 1964, p. 16, n. 1 参照。

23）ルートヴィヒ敬虔帝は，ソアソンのサン・メダール修道院に幽閉され，カール（禿頭王）はプリュムの修道院に追放された。Böhmer und Mühlbacher, op. cit., no 925f, p. 368 参照。

24）ランベルト（Lambertus）はナントの伯であった。フーゴとマトフリドについては，上掲注（11），（12）参照。

25）ロタールは834年2月28日にブルゴーニュに逃げ，そこからヴィエンヌ（イセール県）に入っている。Böhmer und Mühlbacher, op. cit., no 926m, p. 373 参照。

26）ルートヴィヒ敬虔帝の復位は，834年3月1日，サン・ドニ修道院で行われた。二度目の戴冠式は翌年（835年？）2月28日に挙行された。サン・メダールでの幽閉に責任のあったランスのエッボとリヨンのアゴバルドはともにそれぞれの司教座を追われた（834年）Böhmer und Mühlbacher, op. cit., no 926o, p. 374; no 938b, p. 381 参照。

27）ルートヴィヒ敬虔帝とピピンとの会見は，834年3月15日にキエルジーにおいて行われた。Ibid., no 926, p. 374 参照。

28）ユディトは，834年4月にヴェローナの司教ラトルド，トスカナの伯ボニファティウス，イタリアのベルナルドの子ピピンに伴われて戻って来た。Böhmer und Mühlbacher, op. cit., no 926v, p. 375（これは，

Annales de Saint-Bertin と Vita Hludowici, ch. LII に依拠している）参照。

29） ここでニタルトは，831 年ユディトが誓約のもとに最初に戻ったときと今回のことを混同している。Böhmer und Mühlbacher, op. cit., no 881a, p. 350; 上掲注（17）参照。

30） ヴィド（Wido）。写本によっては Uodo とも書かれている。Funk は Ludwig der Fromme (1832), p. 267 において，Wido は Uodo と同一人物で，Adrevald, Miracles de Saint-Maurice d'Anger (Mon. Germ. hist., Scriptores, t. XV, p. 489, ch. XXI) と Annales de Vendôme et de Saint-Maurice d'Anger (éd., Halphen, Recueil d'annales angevines, p. 52, 81) に記されているル・マンの伯のことであるとしている。かれは 834 年か 836 年のブルターニュ人との戦いで，オルレアンの伯オド（次注（31）参照），その兄弟でブロアの伯ヴィルヘルムス，トゥールのサン・マルタン修道院長テュードンとともに戦死している。しかし実際は，これらの人たちは Annales de Saint-Bertin によると，834 年のブリターニュ人との戦いで死んでいる。Meyer von Knonau, op. cit., p. 128; R. Latouche, Histoire du comte du Maine, p. 11 参照。

31） オド（Odo）は，たしかにオルレアンの伯のことである。

ヴィヴィアーノ（Vivianus）という名の人物として，トゥール伯の父親，あるいはトゥールのサン・マルタン修道院長がいるが，特定は難しい。Ph. Lauer, Nithard, p. 21, n. 4 参照。

フルベルト（Fulbertus）。どこかの伯であることは確かであるが，はっきりしない。Annales de Saint-Bertin, année 834 参照。

32） ゲルベルガ（Gerberga）。トゥルーズ伯ヴィルヘルムスの娘で，セプティマニアの伯ベルナールの姉妹である。かの女はぶどう酒樽に詰め込まれソーヌ川に投げ込まれた。Thégan, Vie de Louis le Pieux, ch. LII 参照。

33） セニラ（Senila）。ゴツヘルム（Gozhelmus）。かれらは伯であったという文献もある。Astronome, Vie de Louis le Pieux, ch. LII 参照。

34） ヴァリーノ（Warinus）。ブルゴーニュとリヨンの公あるいは伯。本書第 2 巻第 5 章注（18）参照。Poupardin, Le royaume de Provence sous les Carolingiens, p. 339; M. Chaume, Les origines du duché de Bourgone, Ire partie, Histoire politique (Dijon, 1925, in-8o), p. 154s 参照。

35） ルートヴィヒ・ババリア王と父皇帝の軍隊の合流は，834 年 8 月

半ばにラングルで行われた。Annales de Saint-Bertin, année 834 参照。

36） シュウジー（Chouzy）は，シス川とロアール川の合流点に位置する。Hincmar, De villa Novilliaco (Mon. Germ. Hist. Scriptores, t. XV, p. 1168) 参照。

37） ニタルトは，835 年から 836 年の状態をこのような表現でまとめている。

38） これは，837 年から 838 年にかけての冬のことで，この集会には，ルートヴィヒ・ババリア王とピピンの使者たちが出席した。この集会の開催は，その内容から見て，ユディト皇后および廷臣たちに唆されたもののようである。Annales de Saint-Bertin および Annales de Fulda, 837-838 参照。

なお，アーヘンの宮殿（palatium）はカロリング帝国の中心であるが，しかし戦乱の世を生きたカロリングの王たちは，各地に遠征することが多く，本書に散見されるように，アーヘンの他にティオンビル，キエルジーのような主要な町に館（villa）を構えていた。アーヘンの宮殿の規模について，またその他の館（villa）の所在地については，ピエール・リシェ著，岩村清太訳『中世の生活文化誌』東洋館出版社，1992 年，50-57，107-117 頁参照。

39） ライン・フランク地方。ライン川下流の地方に位置する。

モイラ（Moilla)。ズヒテルンの首席司祭の管轄区分とニエ川上流の低地にある伯領。Böttger, Dioecesan-und-Gau-Grenzen Norddeutschlands, t. I, p. 57-60 参照。

ハエットラ（Haettra)。上記の伯領の北側に位置し，ライン川とムーズ川間にある伯領。Aug. Longnon, Atlas historique de la France, texte, p. 130 参照。

ハンモラン（Hammolant)。サクソニアとイッセルの境界に接するライン川右岸の伯領。Sprüner und Menke, Historisches Handatlas, carte no 32 参照。

マースガウ（Masagouwi)。ムーズ川左岸の低地帯の伯領。以上の地名は，Annales Saint-Bertin からそのまま取り入れているようである。Longnon, op. cit., p. 132 参照。

40） トゥル（Tullensis)，オルナン（Odornensis)，ブロア（Bendensis)，ブレーズ（Blesensis)，ペルト（Pertensis)，両バロア（Utroque Barrenses）はすべて伯領の名である。両バロアとは，ブルゴーニュ

地方のバロアとロレーヌ地方のバロアのこと。Aug. Longnon, Atlas historique de la France, texte, pp.117; 111; 122; 110; 112 参照。

41) カロリング朝は，国内の司教領，大修道院領，伯領をそれぞれ管轄区として全国を統治した。それぞれの領主は，それぞれの領内に王権を行使し，王の指示の伝達，裁判と処罰による治安の維持，軍隊の召集のなどを具体的に遂行した。こうして司教つまり聖は俗の道具とされ，ある司教は俗務に忙殺され，聖務の遂行もままならないと嘆き，また修道院によっては俗人修道院長が任命されることもあった。伯は地方の広大な領域を統治し，本書にも見られるように，王権の代行を悪用し，王自身に対抗するものさえあった。Annales de Saint-Bertin, année 838 fin. 参照。佐藤彰一著『カール大帝』山川出版社，2013 年，048-053，056-067 頁；ピエール・リシェ著 岩村清太訳，上掲書，100-107 頁参照。

42) このヒルドゥイン（Hilduinus, Hildwinus, Haldonius）は，785 年頃ゲルマン系の両親から生まれ，若い頃はカロリング期の碩学アルクインに師事している。その父ウダルリッヒの姉妹はカール大帝の正室で，ルートヴィヒ敬虔帝の母である。ヒルドゥインは 814 年サン・ドニ修道院長，819 年には宮廷付属聖堂首席司祭に任命され，それによって帝国内の宗教的権威も拡大し，サン・ジェルマン・デ・プレ，ソアソンのサン・メダールの修道院長であった。かれは 830 年ロタールに与しルートヴィヒ敬虔帝に背いたが，これに失敗し首席司祭の職を剥奪され，サクソニアのコルヴェーに追放された。のち敬虔帝と仲直りし（832 年，）サン・ドニの修道院を再度与えられた。840 年，ヒルドゥインはパリ伯ゲラルドとともに 837 年のカール禿頭王への誓約に背いてロタールに与し，かれによって宮廷付属聖堂首席司祭，ケルンの大司教に任命されたが祝聖されていない（842-850 年）。ヒルドゥインは隠退していたプリュムの修道院で 855 年から 859 年の間に死去した。その著作については，PL CI, c. 9-50; CIV, 955-1330 など参照）。F. Lot, De quelques personages du IXe siècle qui ont porté le nom Hilduin, Moyen âge, 1903, p. 249-250 参照。Catholicisme, V, c. 744s 参照。

一方，パリ伯ゲラルド（Gerardus）は，ピピン短躯王の免許状に出てくる同名のパリ伯の子に違いない。R. de Lasteyrie, Cartulaire général de Paris, t. I, p. 26 参照。

43）Astronome, Vie de Louis le Pieux (ch. LIX) にも同じ日付が記されている。しかし Annales de Saint-Bertin, année 838; Böhmer und Mühlbacher, 2e éd., no 978b-982, p.397, 399 によると，皇帝は，すでに 838 年 8 月半ばにはキエルジーに居たことになっている。

44）この反乱は，他の文献にはなく，不明である。Simson, op. cit., t. II, p. 182, n. 1-3 参照。

45）こうしてカールは，メーヌ地方と，ロアール川とセーヌ川の間の沿岸地方をすべて受けたことになる。Annales Saint-Bertin, année 838 参照。

46）実際，ルートヴィヒ・ババリア王は，838 年 11 月 29 日にフランクフルトに行っている。Annales de Fulda, année 838 参照。

47）ルートヴィヒ敬虔帝はマインツで降誕祭を祝っている。Annales de Fulda, de Xanten, Saint-Bertin, 839; Böhmer und Mühlbacher, Regesta, 2e éd., no. 984c, p. 400 参照。

48）ルートヴィヒ・ババリア王の一部の軍隊が王から離反したため，戦は行われなかった。Astronome（cap. LXI）によると，ルートヴィヒ・ババリア王はコンスタンツ湖岸のボドマンで服従を願い出ている。Astronome, op. cit., ch.LXI 参照。

49）当時の歴史家のうちニタルトだけが，ルートヴィヒ父皇帝が 839 年にアーヘンに滞在していたと述べている。Böhmer und Mühlbacher, op. cit., no 989a, p. 401 参照。

50）実は，アクイタニア王ピピンはその前年（838 年）に死んでいる。ニタルトは本書第 1 巻第 8 章冒頭においてそれに触れている。Simson, op. cit., t. II, p. 202-205 参照。

51）本書第 1 巻第 3 章初め参照。

52）ヴォルムスの集会は，839 年 5 月 30 日に開催された。Annales de Saint-Bertin, Annales de Fulda, Astronome, ch. LXII; Böhmer und Mühlbacher, op. cit., no 993c, p. 403 参照。

53）「ルカによる福音書」15，21 参照。

54）こうしたゲルマン法の規定については，J. Grim, Deutsche Rechtsaltertümer, 4e éd., t. I, p. 660 参照。

55）ヨセフ（Josippus）。かれはルートヴィヒ敬虔帝の宮廷において高官であったが，ロタール側に移っていた。

リカルド（Richardus）は，839 年 6 月 26 日のルートヴィヒ敬虔

帝の免許状では，huissier impérial（宮廷伝達吏）と特定されている。Dom Bouquet, Recueil des historiens de France, t. VI, p. 625; Böhmer und Mühlbacher, op. cit. no 996, p. 405 参照。

56） この度の分割について，詳しくは，Annales de Saint-Bertin (éd. Waitz, p. 20-21); Longnon, Atlas historique de la France, texte, p. 71 参照。Annales de Fulda によると，ロタールは，帝位を与えられている。ルートヴィヒ・バヴァリア王は見捨てられている。アウストラシア，フリジア，チューリンギア，サクソニアはイタリア，ブルゴーニュとともにロタールに与えられ，カール（禿頭王）は，ムーズ川，ローヌ川までの全ガリア，さらにプロヴァンス，シャロン，リオン，ジュネーヴの伯領を受け，残りのバヴァリアだけがルートヴィヒのものとされている。Astronome, ch. LX 参照。

57）「ヨハネによる福音書」13，34：12，34；15，12，17 参照。

58） ピピンの死去の日付は，実はその前年の 838 年 12 月 13 日とされている。Annales de Saint-Bertin では «idus decembris» とあり，Annales de Fulda では «mense novembrio»（sic）と記されている。ヴュルツブルクの死亡者名簿（necrologia）では，depositio Pippini（ピピンの埋葬）の日付は 12 月 21 日となっている。Simson, Jahrbücher des fränkischen Reichs unter Ludwig dem Frommen, t. II (1876), P. 191, n. 2 参照。

59） ニタルトは「王位簒奪者」（tyranni）という語をもってルートヴィヒ・敬虔帝の孫たちつまりピピン 2 世（864 年没。かれはアクイタニアの一部の貴族とともに，カール禿頭王に反抗した），とその兄弟カール（マインツの大司教 863 年没）を指しているようである。敬虔帝は最初，このふたりを剃髪させようとしたが，ロタールの圧力のもとに自由の身にしていた。Annales de Saint-Bertin; Réginon, Chronique ; Astronome, ch. LXI ; Simson, op. cit., p. 218 参照。

60） この年（840 年）の復活祭は 3 月 28 日であった。Annales de Saint-Bertin 参照。

61） これは，840 年 6 月 20 日のことであった。Dümmler (Geschichte des ostfränkischen Reiches, 2e ed., t. I, p. 137 n. 2; Meyer von Knonau, Uber Nithards vier Bücher Geschichten, p. 48) は，この島はインゲルハイムの宮廷から遠くない，現在 Petersaue と呼ばれているライン川に浮かぶ小島であると述べている。

62）ドロゴについては，上掲注（5）参照。

63）Astronome, Vie de Louis le Pieux, ch. LXIV も間違っている。敬虔帝は，実際は62年（778-840年）の生涯を送っている。

64）ルートヴィヒ敬虔帝は，781年にアクイタニア王として戴冠し，建前としては，817年の分割まで（36年間）王であり，皇帝であった。従って，ニタルトの言う六か月は加えるのではなく差し引くべき数である。

第2巻

1）ここで言われるフランキアは，Longnon が Atlas historique de la France, texte, p. 48 において言うように厳密に受け取るべきで，それは，ロアール川あるいはさらにセーヌ川とライン川の間の地方を指す。

2）代父は，洗礼によって受洗者が原罪を赦され新しく霊的に生まれ変わるときかれを引き受け，洗礼後は肉親の父親と同じく，受洗者の宗教的，道徳的教育に積極的に関与した。こうして代父は、宗教支配の中世において受洗者の人間関係を規制する基本的要素のひとつとして重視された。

3）これはピピン2世（864年没）のこと。かれはアクイタニア王ピピン1世（838年没）の子で，アクイタニアの一部の貴族とともにカール禿頭王のアクイタニア支配に反対していた。かれの支持者たちは，「ヴェルダン条約」(843年）後もカールの支配に反抗している。

4）ルートヴィヒ・ババリア王もカール禿頭王の分け前に不満をもち，ルートヴィヒ父皇帝に謀反を起こしたこともあった。ルートヴィヒとロタールが対峙した場所はおそらくマインツの近辺であろう。Annales de Fulda, année 840; Böhmer und Mühlbacher, op. cit., no 1070c,d, p. 434 参照。

5）840年7月のことである。そこにはピピン2世は参加していないようである。いずれにせよ，カールは8月10日にはブールジュ（Bourges）を去っている。

6）このニタルトは本書の著者のことである。アデルガール（Adelgarius）という人物は，カール大帝時代には公の称号をもつアデルガールがいるが，カール禿頭王の時代のアデルガールについては不明。第3巻第4章注（23）も参照。

7)　本書，第 1 巻第 7 章参照。

8)　カールは 8 月 10 日ごろアクイタニアを発ち，トゥール，オルレアンを経て，8 月 24 日ごろキエルジー（ここにはカロリング歴代の王宮があった）に到着している。本書第 2 巻第 3 章はじめに書かれているように，その頃のアクイタニアではカールの権威が確立されていたわけではなかった。Lot et Halphen, Le règne de Charles le Chauve, t. I, p. 16 参照。

9)　シャルボンニエールの森は，ネウストリアとアウストラシアとの境界に位置した。Van den Linden, La forêt Charbonnière, in Revue belge de philologie et d'histoire, t. II (1923), p. 203-214 参照。

10)　ヘレンフリド（Herenfridus）については不明。

ギスレベルト（Gislebertus）。本書第 3 巻第 2 章（注 10）では，マースガウ（ムーズ川の下流）の伯（comes Mansuariorum）となっている。

ボヴォ（Bovo）については不明

11)　オドゥルフ（Odulfus）は，サン・ジョス修道院の俗人修道院長であろう。Böhmer, Regesta Karolorum, no 1547; Loup de Ferrières (lettres 43 et 88); Meyer von Knonau, op. cit., p. 112, n. 317 参照。

12)　フーゴ（Hugo）。おそらくかの有名なフーゴのことであろう。かれはカール大帝の婚外子で，カール禿頭王とロタールの叔父にあたる。本書第 1 巻第 1 章注（5）参照。巻末家譜参照。

アデラルド（Adelhardus, Adhelardus, Ahelardus）。カール・マルテルの子ベルナルドの子（752 年生），従ってカール・マルテルの孫でカール大帝の従兄弟になる。兄弟ヴァラとともに宮廷で育てられ，アルクイン，アンギルベルト（ニタルトの父）と交わる。イタリア王ピピンの子ベルナルドの後見人となる。カール大帝の死後，その後継者に反抗的な態度をとり，イタリア王ベルナルドの謀反に加担したとして追放されたが，アニアヌのベネディクトの死後，以前の職に復帰した。かれはのちルートヴィヒ敬虔帝により，家令（sénéchal）に任命されたが，かれが皇帝の信用を裏切り私利私欲に走ったことは，本書第 4 巻第 6 章後半において詳述されている。かれは，ルートヴィヒ敬虔帝とユディトの結婚後，再び追放されてコルビの修道院長となり（780 か 781 年），同修道院において死去（826 年）。

ゲラルド（Gerhardus）。おそらくカール禿頭王に忠誠を誓ったパリ

伯ゲラルドのことであろう。本書第1巻第6章注（42）参照

ヘギロ（Hegilo）。かれは，838年，Augierとともに，Wiltzes, Abodritesと戦った人物であろう。Annales de Saint-Bertin; Meyer von Knonau, p. 20; Böhmer und Mühlbacher, 2e éd., no 982c, p. 399 参照。

13）　アクイタニア王ピピン2世は，この機会を利用して敵を牽制し，事態が叔父ロタールに有利になるように働いたようである。

14）　ヴォルムス（Worms）の協定（839年）では，ムーズ川は，カール禿頭王の領地の境界線とされている。本書第1巻第7章注（56）参照。

15）　この両人については，本書第1巻第6章注（42）参照。

16）　ロタールは，これらの地方をカール（禿頭王）に渡すと言いながら，実はかれを騙していた。というのは，これらの地方は839年のヴォルムスでの分割によってカールに与えられていたが，それまで，これら遠隔地を実効支配しえずにいたにすぎないからである。こうしてロタールは，カールから「フランキア」地方を奪ったのである。

17）　この休戦は，840年11月11日より少し前に，たしかに実施された。この日，ルートヴィヒ・ババリア王との間に結ばれた休戦の期限が終了したからである。Lot et Halphen, Le règne de Charles le Chauve, t. I, p. 20, n. 1; 本書第2巻第1章参照。

18）　後者はブルゴーニュとリヨンの公か伯である。本書第1巻第5章注（34）参照。

19）　セプティマニアのベルナルドについては，本書第1巻第3章注（13）参照。

20）　これは，841年1月12日のことである。カールは，ブールジュでヌヴェール（Nevers）の司教エルマンド（Hermandus）の求めに応じて，ヌヴェール教会の財産と特権を保証する特許状を与えていた。Recueil des historiens de France, t. VIII, p. 428, no 3; Lot et Halphen, Le règne de Charles le Chauve, t. I, p. 21 参照。

21）　メーヌ地方における反乱を暗示するgesta Aldericiによると，ル・マンの司教アルドリクは，謀反とは無関係であったようである。また，この蜂起の主導者のひとりであったエリクはロタールに服していた。ナントの伯ランベルトは，反乱を起こしたル・マン地方の人々に加担していた。Mon. Germ. Hist., Scriptores, t. XV, p. 325 (éd. Charles et Froger, p. 158); R. Merlet, Guerre d'Independance de la Bretagne, in

Revue de Bretagne et de l'Anjou, 1891; Lot et Halphen, op. cit., t. I, p. 22, 76 参照。

22） ノメノエ（Nomenoe）あるいはノミノエ（Nominoe）はブルターニュの伯。ブルターニュ人はカロリング朝の支配にはつねに抵抗し，カールに対するノメノエの忠誠心もつねに不確かなものであった。本書第 3 巻第 4 章も参照。F. Lot, Mélanges d'histoire bretonne (Paris 1907), p. 33-40 参照。

23） 5 月 8 日に予定されていた。本書第 2 巻第 4 章参照。

24） カールは，ロタールがオルレアンの休戦においてかれに認めていた領内で臣下を集め，さらに臣従を誓ったヴァリーノとベルナルドが従えてきたブルグンド人もこれに加えていた。

25） グントボルド（Guntboldus）。かれはおそらくトロアの伯で，カールに敵対している。Annales de Saint-Bertin, année 852; Chronique de Saint-Wandrille, année 851 参照。

ヴァルナール（Warnarius）。ランベルト伯の兄弟で，おそらくサンスのガルニエ伯の父親であろう。Annales de Saint-Bertin, année 852; Chronique de Saint-Wandrille, année 851; Meyer von Knonau, loc. cit. 参照。

アルヌルフ（Arnulfus）。おそらくフランドルの伯ボードワン 1 世（Baudouin I）の父親で，アルヌルフ家の子孫であろう。

ゲラルド（Gerardus）。パリ伯。本書第 2 巻第 3 章注（12）参照。

26） 上掲注（9）参照。

27） 商人たちの舟がセーヌ川の河口にあったことは，ノルマン人の侵入に脅かされながらも，河川の舟航がなお安全であったことを示している。

28） カール禿頭王は，841 年 3 月 31 日に，ルーアンとコーデベクの間の地点でセーヌ川を渡り，サン・ワンドリーユ修道院に着いている。Chronique de Saint-Wandrille, année 841 (Mon. Germ. Hist. Scriptores, t. II, p. 301) 参照。

29） カールは子どものころ奉献された聖ディオニシウス〔サン・ドニ〕を保護の聖人としていた。Aimoin, Miracles de saint Germain, I, c. 5 (Acta Sanctorum, t. VI de mai, p. 798) 参照。

30） これらの人物については，Meyer von Konau, p. 140 参照。かれらは，ブルゴーニュ地方の封臣である。本書第 2 巻第 5，6 章参照。

31）パリの城門にあるサン・ジェルマン・デ・プレ修道院で，パリ伯もここに逃れていた。
32）カールとブルゴーニュの伯たちがサンスを占拠したことから見て，ヴァリーノはこの地の伯であったと考えたくなる。本書第1巻第8章注（34）参照。
33）841年の聖木曜日は4月14日であり，従ってカールがトロアに入ったのは，4月15日である。
34）本書第2巻第6章参照。
35）この年の復活祭は841年4月17日であった。
36）こうして復活祭の当日に，同時にカールの戴冠式が行われた。
37）ロタールは，カールの居場所を確かめるため使者を送っていた。本書第2巻第7章末参照。
38）会見の場所はアッティニで，その期日は5月8日と決めてあった。本書第1巻第4章参照。
39）とくにプロヴァンスにおいてそうであった。本書第2巻第4，7章参照。
40）ロタールはルートヴィヒ・ゲルマン王をライン川以北の領地から追い出した。本書第2巻第7，10章参照。
41）カールは約束の841年5月7日はアッティニにいた。そして少なくとも5月10日まで，そこに留まっている。Lot et Halphen, Le règne de Charles le Chauve, t. I, p. 26 参照。
42）ロタールは，5月12日には Quinciaco villa と呼ばれる場所——それはアッティニから約60キロメートル離れたクインシー——に違いない。かれは，復活祭（4月17日）を祝ったアーヘンからこの館に行き，そこでクレモナの境界のための特許状を交付している。Böhmer und Mühlbacher, 2e éd., nos 1083e, 1084, p. 439-440 参照。
43）これは841年5月13日にババリアの辺境で行われ，この戦いで，アダルベルト伯は戦死した。Böhmer und Mühlbacher, no 1369d, p. 572; Dümmler, Geschichte des ostfränkischen Reich, 2e éd., t. I, p. 151 参照。
44）この沼地は，戦略的拠点として有名なサン・ゴン（Sanin-Gond）の沼地のことであろう。
45）その場所はどこにも記述されていないが，ふたりは会談のすぐあとオーセールの近辺にいたことが分かる。後掲注（47）参照。

46) もちろんこうした提案は行き過ぎているように見えるが，しかしそれはロタールに対するカールとルートヴィヒ兄弟の断固たる決意のほどを示すものである。

47) これは，841 年 6 月 21 日のことである。実際，フォントノアの戦いは 6 月 25 日に行われたのであり，それ以前には両者間の交渉と軍隊の移動のための 1 日（22 日）と，2 日間の休戦があった。Lot et Halphen, Le règne de Charles le Chauve, t. I, p. 29, n. 1 参照。

48) この前後の文章には，戦いを前にして両者の間に交渉が絶えず繰り返されていたことが示されている。

49) 本書では Fontaneum と読み取ったが，研究者によっては種々の読み方と地名をあげている。これは，十中八九まで，オーセールの近くのフォントノア・アン・ピュイゼ（Fontenoy en Puisay）のことである。地名に関する論争については，Ph. Lauer, Nithard, p. 72, n. 2 参照。

50) つまり 841 年 6 月 22 日。上掲注（47）参照。

51) 841 年 6 月 23 日。上掲注（47）参照。

52) ここには父皇帝に対するロタールの謀反とそれに対する父皇帝の恩赦が暗示されている。本書第 1 巻第 6，7 章参照。

53) 同じ提案については上掲注（46）参照。

54) ドロゴ（Drogo）。かれはカール大帝の婚外子であり，従って 3 人の王の叔父にあたり，メッスの司教であった。第 1 巻第 2 章注（5）参照。

フーゴ。これはたぶん同じく 3 人の王の叔父で，修道院長であった人物であろう。本書第 1 巻第 2 章注（5）参照。

ヘギベルト（Hegibertus）不明。

55) リクイン（Ricuinus）。ナントの伯。Meyer von Knonau, op. cit., p.141; Chronique de Nantes, éd. Merlet, p. 8, n. 1 参照。

ヒルメナルド（Hirmenardus）. 不明

フレデリク（Fredericus）. 不明

56) この日食の日付（より正確には午前 7 時 26 分に起こっている）の記述は，ニタルトがフォントノア（Fontenoy-en-Puisaye）の戦から四か月後にこれらの行を書いたことを示している。この日食とフォントノアの戦との併記は，単なる時代の確認のためだけでなく，戦という人間の悪行と神による天体の秩序の破壊という宗教的関連付けと見るべきであろう。こうした事例は，本書の他の箇所にも見られる

（第2巻第6章注（34），第2巻第10章注（56），第4巻第5章，第4巻第7章など）Chronologie des éclipses de Pingré, in l'Art de vérifier les dates (éd. d 1783), t. I, p. 68; Th. Von Oppolzer, Kanon der Finsternisse (Denkschrift der königliche Akademie der Wissenschaft; math.-naturw. Klasse, t. LII, Wien 1883), p. 356 参照。

57）これはたしかにウアヌ川（Ouane）の支流としてフォントノアの近くを流れる小川のことである。おそらくフォントノア（目ぼしい都市をあげるならオーセールに近い）いう地名はこの地方がかつてのブルグンド王国との境界であったことに由来するものであろう。

58）この戦いにおける激しさ，憎悪の深さ，残忍さについては，Annales de Saint-Bertin (éd. Waitz, p. 25), de Fulda (éd. Kurze, p. 32), d'Angoulême (Mon. Germ. Hist., Scriptores, t. XVI, p. 486); Ratpert (Casus S. Galli, ibid., t. II, p. 67) 参照。ニタルトは，フォントノアにおける兄弟間の殺戮を語る際には，「激しい戦い」(magnum certamen）という表現で意図的に簡潔な筆使いをしているが，しかしかれが行間に挿入する若干の語にはそこに展開されたばかりの大惨事を読みとることができる。実際，これはカロリング期における注目すべき戦のひとつである。Riché, Les carolingiens, p.162 参照。

59）このブリオット（Briottes）の森は，ソルメ（Solmet）村の渓谷を挟んで，フォントノアの南東に位置する。

60）ファジ（Fagit）は現存しないが，ブリオットとソルメの間に位置する場所と思われる。

61）ソルメ（Solemnat=Solmet）はブリオットの森の丘の斜面にあった村。

62）アデラルド（Adelhardus）については，本書第2巻第6章注（12）参照。

63）本書の著者が参戦したというこの記述は，かれの証言の真実性を保証するものであり，またその証言に重みをもたせるものである。

64）カールに味方していたブルゴーニュ伯ヴァリーノに率いられた援軍の到来は，この勝利に大きく貢献した。ヴァリーノについては，本書第1巻第5章注（34）参照。

第3巻

1）Annales de Fulda (éd. Kurze, p. 32) は，かつてフランク王国にお

いてはこれほどの殺戮はかつてなかったと伝えている。アニェルス（Agnellus）は，フォントノアの戦を目撃した（Annales de Saint-Bertin, loc. cit.）ラヴェンナの大司教ゲオルギウス（Georgius）のことばとして，ロタール・ピピン軍の死者は4万以上であったと書いているが，この数字はあまりに誇張されているようである。しかしブルターニュ伯ノメノエの文書では，死者の数は数千人（multa millia）の規模であったとされている (Cartulaire de l'abbaye de Redon, publ. par A. de Courson, p. 359)。Lot et Halphen, Le règne de Charle le Chauve, t. I, p. 35-36 et les notes 参照。

2）この領地は，ベルナルドの兄弟ティエリ（Thierri）の遺産である。ティエリはカール大帝の婚外子でルートヴィヒ敬虔帝の異母兄弟であり，ベルナルドの叔父にあたる。ベルナルドは，長子ウィルヘルムスの叔父で代父であったルートヴィヒ敬虔帝にかれを託身（commendatio）させ，敬虔帝没後はカール禿頭王に託身させた。ベルナルド自身については，本書第1巻第3章注（13）参照。その他 Histoire générale de Languedoc, nouv. éd., t. II, p. 275 参照。

3）アデラルド（Aderaldus）。西フランキアの領主のうちもっとも影響力のあったひとりで，家令（sénéchal）であった。本書第2巻第3章注（12）参照。

4）グントボルド（Guntbordus）については，本書第2巻第6章注（25）参照。

5）カールは8月1日には Baune (Mayenne) にいた。ル・マンを経てエポーヌに入っている。Lot et Halphen, Le règne de Charles le Chauve, t. I, p. 40-41 参照。

6）この章における聖人たちの遺骸の移送については，写本に認められる削り跡などから，この章全体が11世紀におけるソアソンのサン・メダールの修道者の挿入によるとする意見もある。より詳しくは，Lauer, Nithard, p. 87-89, n. 4 を参照。

7）この証書についても，正確な史料の欠如から本書の記述どおりに受け取ることは難しいようである。Annales ordinis S. Benedicti (t. II, p. 621); Lauer, op. cit., p. 89, n. 1 参照。

8）この時，ランスの大司教エッボ（Ebbo）はロタールのもとに逃げている。Lot et Halphen, Le règne de Charles le Chauve, p. 42 参照。

9）ロタールは，こうした計画のもとにその軍勢をシュパイヤーに集

結させていた。Annales de Fulda, année 841 参照。

10）　このフーゴは，サン・カンタン，サントメール，ロッブ3修道院の修道院長であった。本書第1巻第3章注（5）参照。

ギスレベルト（Gislebertus）については，本書第2巻第2章注（10）参照。

11）　841年9月1日，カールはランスからランに北上する道を辿り，途中のコルブニ（Corbeny）でサン・モール・デ・フォッス修道院に免許状を与えている。Recueil des historiens de France, t. VIII, p. 430, n. 5 参照。

12）　ロタールは，8月20日，マインツに滞在し，ライン川向うのルートヴィヒに対し示威行動をしたあと，ヴォルムスで自分の娘の結婚式に参列したばかりであった。Annales de Fulda; Annales de Saint-Bertin; Böhmer und Mühlbacher, nos 1087, 1370a 参照。

13）　ヴァッサイゲス（Wasiticus）がどこかについては，種々，議論となっている。リエージュ地方のヴィゼ（Visé）と考えるものもいるが（Belgique, prov. De Liege），異論もある。Böhmer und Mühlbacher, no 1088a; Lot et Halphen, op. cit., p.43 参照。

14）　ウーゴについては，本書第2巻第3章注（10）参照。アデラルドについては，前掲注（3）参照。

15）　ラバノ（Rabano）。おそらくかれは Annales de Saint Bertin で Ravanus と呼ばれているものと同一人物で，844年に没したとされている。Annales de Saint-Bertin; Annales de Fulda, année 844 参照。

16）　エクセメノ（Exemeno, Immo, Emmo, Emundus）。ノアヨンの司教。

17）　本書第2巻第1章注（2），第2章参照。

18）　本書第1巻第7章参照。

19）　ここにはフォントノアの合戦が暗示されている。本書第2巻第10章参照。

20）　これらのサクソン人は，ルートヴィヒに背いた人々の中から集められていた。Annales de Fulda; Annales de Saint-Bertin, année 841 参照。

21）　これは841年10月18日のことで，本書第2巻第10章注（47）と同様，ニタルトがフォントノアの戦について書いたのは，この戦いの四か月後であるとしている。Chronologie des éclipses de Pingré, in l' Art de vérifier les dates (éd. de 1783), t. I, p. 68; Th. von Oppolzer, Kanon der Finsternisse (Denkschrift der königliche Akademie der Wissenschaft;

math.-naturw. Klasse, t. LII, Wien, 1881), p. 356 参照。

22） ヒルデガルデ（Hildigardis）。ルートヴィヒ敬虔帝と最初の妻エルメンガルドとの間に生まれた娘。従ってかの女はカール禿頭王の異母姉妹になる Witger, Généalogie d'Arnoul, comte de Flandre (Mon. Germ. Hist., Scriptores, t. IX, p. 303)。かの女は，ランのノートル・ダム修道院の院長であったとされている（Meyer von Knonau, op. cit., p. 102, n. 188）。

23） 本書第 2 巻第 2 章注（6) 参照。

24） この時間の記述は修正すべきかもしれない。というのは，ランの住民が和平を乞うたのが「同じ夜」であったということは，カール禿頭王は夕方，ランに到着したということであろう。Lot et Halpehn, Le règne de Charles le Chauve, t. I, p. 45, 11 参照。

25） サムシー（Samoussy）は，ラン（Laon）から 8 キロメートルのところにある。

26） これは 841 年 11 月 6 日のことで，その時カールはサン・ドニにいた。Lot et Halphen, Le règne de Charles le Chauve, t. I, p. 46 参照。

27） こうしてロタールはメーヌ地方南部を荒し回った。Annales de Saint-Bertin, année 841 参照。一方，ノメノエは，何よりもまず自分の自立を確保しようとしていた。本書第 2 巻第 4 章注（22）参照。

28） 実際は，まずパリに，そのあとアーヘンに辿りついている。

29）ラテン碑文に出てくる完全な綴りは Argentoratum で，Argentaria はその縮約形である。Alfred Holder, Altceltischer Sprachschatz, t. I (Leipzig, 1896, col. 212 参照。

30） ロマンス語（lingua romana）。ロマンス語の起源は，古代ローマの兵士，商人，入植者などが使用した俗語（話ことば）としてのラテン語にある。この民衆のラテン語が各地域の土着民固有の言語の影響を受けて方言的差異をもつようになり，とくに 5 世紀におけるゲルマン諸部族のローマ帝国内への侵入と定住によりゲルマン的要素がこれに混入していった。こうして誕生したのがロマンス語と総称されるものである。なお，こうした中世における言語的変化の過程を経て形成された現代語のイタリア語，フランス語，スペイン語，ポルトガル語などもロマンス語と総称される。

31） 古高ドイツ語（lingua teudisca, Althochdeutsch）。原ゲルマン語のもっとも古い形態を留める言語。ゲルマン族が南下して各地に定住す

る6世紀からフランク王国の隆盛時代を経て第2次十字軍（1050年代）までのドイツ語がそれである。古高ドイツ語のラテン文字表記による文献は8世紀頃から見られるが，それ以前はルーン文字によっていたようである。

32）ふたりの王はそれぞれ自分の置かれた状況を臣下たちに伝えるこれまでの訓示とは異なり，つぎは，誓約の相手となる他方の臣下たちに自分の誓約を理解してもらうため，ルートヴィヒ・ババリア王はロマンス語で，カール禿頭王は古高ドイツ語で語りかけている。なおストラスブールの誓約は，ヨーロッパの政治，外交の歴史だけでなく，言語の歴史においても重要である。実際，この誓約をゲルマン系の言語で伝える写本は幾つかあるが，ロマンス語で伝えるものはこれが最初の文献であるからである。Riché, Les carolingiens, p. 164 参照。なお，本訳書におけるロマンス語，古高ドイツ語の部分は，Lauer による仏語訳の重訳であることをお断りしておく。

33）この会見は，明らかにストラスブールにおけるカールとルートヴィヒとの会見である。

34）この彗星は，他の史料によると，841年12月25日から842年の復活祭のころまで，水瓶座に現れている。Annales de Fulda, année 841; Annales de Xanten, année 842; Chronique de Saint-Wandrille, année 842; Florus de Lyon, Querela de divisione imperii, v. 104 (Poet. Lat. Aevi Carol. t. II, p. 562) 参照。

35）カルロマン（Karloman）は，ルートヴィヒ・ババリア王の長子である。

36）これは，842年の3月から4月にかけてのことである。Böhmer und Mühlbacher, 2e éd., no 1370 g. P. 574 参照。

37）バルド（Bardo）。かれは伯の称号をもっている。Dümmler, Geschichte des ostfränkischen Reiches, 2e éd., t. I, p. 173, n. 6 参照。

38）この使者は，本書第3巻第5章末尾にある使者のことである。

39）そのときロタールは，ラーン川とアーレ川とが合流するコブレンツの北西に位置するジンツィヒにいた。Annales de Saint-Bertin と Fulda, année 842 参照。

40）タウヌス山地とラーンの間に位置するライン川右岸の地方。

41）オトガール（Otgarius）はマインツの大司教。本書第2巻第7章参照。

ハット（Hatto）伯。かれはたしかにアウストラシア人で，たぶんアダルベルト伯の兄弟であろう。Jaffé, Bibliotheca rerum germanicarum, IV, Monumenta Carolina, p. 460 参照。

ハロルド（Herioldus）。かれはノルマンの頭領で，ロタールは恩給地としてヴァルヘーレンの島をかれに与えたばかりであった。

42）ロタールは，多くの支持者を集めるための道具として皇帝の装束と宝物を持ち出すためアーヘンに戻っていた。Annales de Saint-Bertin, année 842 参照。ロタールはそこからシャーロン，また復活祭（4 月 2 日）を祝ったトロアを経由してリヨンに到着していた。Böhmer und Mühlbacher, 2e éd., nos 1091c-g, p. 448 参照。

43）この文章は，第 2 巻末の文章と対をなしている。

第 4 巻

1）本書第 3 巻の序参照。

2）本書第 1 巻第 4 章参照。

3）ここではフォントノアの合戦が暗示されている。そこでロタールは戦場から逃亡したのであった。本書第 2 巻 10 章参照。

4）この文章は，ストラスブールの誓約の内容にごく近く，著者ニタルトがこの文書を手元において書いていることを示している。本書第 3 巻第 5 章参照。

5）ここには，分割の細かな内容は書かれていないが，本書と関係の深い Annales de Fulda (année 842) によると，ムーズ川はいぜんとしてカールに与えられた王国の西方の境界線を形成し，またかれは，ルートヴィヒに譲渡した北部の代わりにブルゴーニュ，プロヴァンスを受けている。Lot et Halphen, Le règne de Charles le Chauve, t. I, p. 53 参照。

6）この段落における二か所の欠落は，残存する写本の状況から見て，ニタルト自身が空白のまま残したようである。Lot et Halphen, op. cit., t. I, p. 53, n. 5 参照。（7）

7）カールは復活祭（4 月 2 日）をヘルスタル（Helstal）の宮廷で祝っている。Ibid., p. 54 参照。

8）ルートヴィヒは，復活祭をケルンで祝い，そこからサクソン人の制圧に出かけた。Böhmer und Mühlbacher, 2e éd., no 1371 a, p. 575; Dümmler, Geschichte des ostfränkischen Reiches, 2e éd., t. I, p. 178-179

参照。

9）カール大帝を称賛する同じような表現は，本書第1巻第1章の冒頭と第4巻第7章にもある。

10）サクソン人の間における社会階層については，Brunner, Deutsche Rechtsgeschichte, t. I, 2e éd., p. 136ss 参照。

11）たとえば，ロタールはヴァルヘレン島（Walcheren）をノルマン人の頭領ハロルドに任せた。Annales de Saint-Bertin, année 841 参照。

12）上掲注（8）参照。

13）カンタヴィッチ（Contwig=Quentawich）は，Contwich とあるが，これはおそらくエタープル（Etaples。イギリス海峡に望む漁港）の旧港のことであろう。Annales de Saint-Bertin, année 842 参照。

ハリッジ（Hamwig）はおそらく現在のハリッジ（Harwich. イングランド南東部，エセックス州北東部の海港）のことであろう。Holder-Egger (Mon. Germ. hist. Scriptores, t.XV, p. 91, n. 3; W. Vogel, Die Normannen und das fränkische Reich, Heidelberg, 1906, p. 89 参照。

ノリッジ（Nordhunnwig）はたぶん今日のノリッチ（Norwich. イングランド東部，ノーフォーク州の州都，ロンドンの北東 200 キロメートル）のことであろう。Dümmler, Geschchite des ostfränkischen Reiches, 2e éd., t. I, p. 197, n. 2 参照。

14）シャーロン（Cadhellonensis）は，シャーロン・シュール・ソーヌのことである。たしかにシャーロン・シュール・マルヌ（Chalon-sur-Marne）と同じラテン語形が用いられているが（Catalaunis から派生），こうした語の混乱は，9 世紀のフランスでは両地名が同じ発音をしていたことを示している。Lot et Halphen, Le règne de Charles le Chauve, p. 54, n. 9 参照。

15）Mellecey=Miliciacum は，シャーロンとソーヌ川を挟んで近くに位置している。

16）ヨセフについては，本書第1巻第7章注（55）参照。

エベルハルト（Eberhardus）. かれは，フリウルの侯である。Dümmler, op. cit.,p.119, n. 1 参照。

エグベルト（Egberdus）。エグベルトは，先述されたヘギベルト（Hegibertus）と同一人物であろうとされている。本書第2巻第10章注（54）参照。

17）本書第1巻第7章注（53）（「ルカによる福音書」，15，21 参照）。

18) この3地方は，もともとルートヴィヒ敬虔帝が当初，3人の皇子にそれぞれ譲渡したものである。本書第1巻第2章注（9）参照。

19) 具体的な分割案の提示までに少なくとも4日を要している。しかもその後も延々と時と場所を変えて討論している。ここで注目したいのは，兄弟たちがそれぞれ分割の基準として考えていたのは領土の広さ，便宜さもあるが，とくに，「それぞれの領域内にある司教領，大修道院領，伯領，皇帝管轄領」といった，地域の人口，経済力ということであった。図らずも，この箇所にそれが書き出されているが，しかし写本の欠陥から，これ以上の詳しいことは分からない。

20) コンラド（Conradus）。かれはルートヴィヒ敬虔帝の妃ユディトの兄弟である。本書第1巻第3章注（10）参照。

コッボ（Cobbo）。サクソン人の伯で，コルヴェー（Corvei）修道院院長の兄弟。

アデラルド（Adhelhardus）については，本書第2巻第3章注（12）参照。

21) この3地方は，当初の譲渡の条件どおりに特別扱いされている。上掲注（18）参照。

22) アンシラ（Ansilla）. この小島は，マーコン（Mâcon）の南，14キロメートルにあるソーヌ川の小島のひとつに違いない。Lot et Halphen, Le règne de Charles le Chauve, t. I, p. 56 参照。

23) 3人の王の代表者たち――それぞれ40人ずつ――は，王国の分割のため，以下に記されているとおり10月1日にメッスに集合するはずであった。

24) 先買権（praeemptio）は，ルートヴィヒ敬虔帝が839年のヴォルムスの集会でロタールに与えて以来（本書第1巻第7章参照），かれは絶えずこれを要求し，また兄弟たちも，少なくとも表面的にはこれに反対することはなかった。

25) ロタールがこの山地を実際的に取得したことを示している。Annales de Fulda, année 842 参照。

26) Annales de Fulda, année 842, loc. cit. また Annales de saint Bertin では，このサクソニアの「ステリンガ」の制圧において，140人が斬首刑に，14人が絞首刑に，無数の人々が手足切断の刑に処せられたと言われる。Annales de Xanten; Dümmler, Geschichte des ostfränkischen Reiches, 2e éd., t. I, p.184-185 参照。

27）ヴァリーノ（Warinus）については，本書第1巻第5章注（34），第2巻第6章注（30）参照。
28）エグフリート（Egfridus）あるいはAefredについては，Hist. De Languedoc, nouv. éd., t. I, p. 1032; t. II, p.299 参照。
29）カールは9月25日にはまだベトニヴィル（マルヌ近くのBetheniville）にいたLot et Halphen, op. cit., t. I, p. 57 参照。
30）これは，分割のために代表者たちによる集会が予定された日の前日のことである。
31）ティオンヴィル（Thionville）。フランス北東部，メッスの北方約30キロメートルに位置する。これに対してヴォルムスからメッスまではほぼ200キロメートルの距離がある。
32）80人はルートヴィヒとカールの代表者を合わせた数である。Annales de Fulda,année 842 参照。
33）この120人は，3人の王の代表者を合計した数である。
34）現在のカストール教会（Kastorkirche）は，ロマネスク時代（10-12世紀）にモーゼル川畔に再建されたものである。それ以前の古い修道院は，たしかに対岸に宿営していたロタールの襲撃を避けるために格好の位置にあったと思われる。
35）ニタルトは11月5日に，父アンギルベルトの遺骸が改葬されたとしている。この移送は身内のことであり，その日付の記憶に間違いはないであろう（Chronique de Saint-Riquier, III, 5, éd. Lot, p. 101 参照）。一方，かれは同じ日（11月5日）に大地震があったと言っているが，それはかれの間違いで，Chronique de Saint-Wandrille, année 842によると，地震は10月24日に起こっている。この日付に反対するものもいるが。
36）アンギルベルトは814年2月18日に死去している。Micon, Epitaphe d'Angilbert, vers. 3 (Poetae latini aevi Carolini, t. III, p. 314).
37）ニタルトの兄弟ハルトニトという名前（Hartnidus）は，著者の名前ニタルト（Nithardus）の文字の並べ替えである。
38）サン・リキエの修道院はかつてCentulusと呼ばれていた。アンギルベルト自身が，この修道院の建設について小著を書いている（MGH, Script. T. XV, p. 174）。
39）つまり843年7月14日まで。
40）ティオンヴィルでの集会は，842年11月半ばにもたれた。Lot et

Halphen, op. cit., t.I, p.60 参照。

41) かれは，12 月 30 日にはまだティオンヴィルに居た。かれは，843 年 1 月 21 日にはゴンドルヴィル（Gondreville）に居て，2 月に入ってはじめてアーヘンに居たことが分かっている。Böhmer und Mühlbacher, 2e éd., no 1095-1097, p. 452-453 参照。

42) シゲヌルフ（Sigenulfus）はサレルノのランゴバルド族の君主で（839-849 年），ベネヴェントの君主の兄弟である。かれについては，R. Poupardin, Etudes sur l'histoire des principautés lombardes de l'Italie méridionale et de leurs rapports avec l'empire franc, in Moyen âge, 2e série t. XI (1907), p. 4ss 参照。Riché, Les carolingiens, p. 166 参照。

43) このサクソン人による反抗は他の文献には見当たらない。

44) カールがウオド（Uodo）の娘ヒルメントルデと結婚したのは，このウオドがライン中流地方出身の家系に属し（この家系はたしかにカール大帝の義兄弟 Gerold の家系と結ばれていた），さらに，オルレアン伯ゲラルドとルートヴィヒの王宮財政係（senechal）アデラルドの姉妹と結婚していたからである。ニタルトは，カール禿頭王がヒルメントルデと結婚したのは，まずはアデラルド――その兄弟ゲラルドはロタール側に付いていた――の好意を得，かれを味方に付けるためであったと説明している。

45) このころアデラルド（Adelardus）が置かれていた状況については，F. Lot, Mélanges carolingiens; V, Note sur le sénéchal Alard, in Moyen âge, 2e série, t. XII, 1908, p. 187 参照。

46) つまり 842 年 12 月 14 日。しかしカールの 2 通の特許状では，12 月 13 日とされている。Lot et Halphen, Le règne de Charles le Chauve, t. I, p. 60, n. 3 参照。

47) カールがアクイタニアに向けて出発したのは，ピピン 2 世を討つためであった。ニタルトが述べているように，その年の冬は厳しく，農作物に甚大な被害を与え，人々は困窮した。またカールの母ユディトはその年の 4 月 13 日に死去，6 月 24 日にはナントはノルマン人に占拠され，ノメノエ配下のブルターニュ人と戦っていたルノー伯は敗北している。こうした内憂外患のなかにあって王たちは帝国分割問題を決定的に解決する必要に迫られていた。こうして，843 年 8 月にヴェルダン近くのテュニイの集会における，かの有名なヴェルダン条約（843 年）の締結へと進んでいく。

48）この表現は，「ホセア書』14，10；「エゼキエル書」33，20：「使徒言行録」13，10にもとづいている。
49）「知恵の書」5，20。
50）月食が実際にあったのは843年3月19日の19時15分で，ニタルトは誤って3月20日としている。Pingré (Art de vérifier les dates, éd. de 1783, t. I, p. 68; Th. von Oppolzer, Kanon der Finsternisse (Denkschrift der königliche Akademie der Wissenschaft; math-naturw. Klasse, t. LII, Wien, 1887, p. 356) 参照。

I　カール大帝の家譜

カール大帝の妻妾

1)デシデラタ	4)ファストラデ	7)ゲルヴィンデ
2)ヒミルトルデ	5)リウトガルデ	8)レギナ
3)ヒルデガルデ	6)マデルガルデ	9)アデライデ

2)せむし王ピピン　3)カール2世　3)アデライデ　3)ロトルデ（ロリコー1世と結婚）　3)イタリア王ピピン
　　ベルナルド（イタリア王ピピンの子）

3)ルートヴィヒ敬虔王　3)ベルタ（アンギルベルトと結婚）　3)ギセラ　3)ヒルデガルデ　4)テオドラデ（アルジャンティユの修道院長）
　　ニタルト　ハルトニト（ベルタの子）

4)ヒルトルデ　6)ルオティルド（ファールムティエの修道院長）　7)アダルトルデ　8)ドロゴ（メッスの司教）　8)フーゴ（サン-カンタンの修道院長）　9)ティエリ

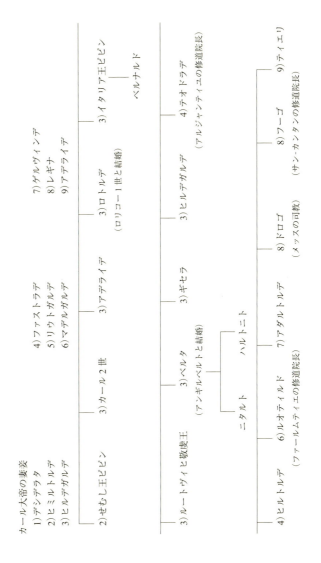

II　ルートヴィヒ敬虔帝の家譜

ルートヴィヒ敬虔王の妻妾

1)不詳　2)イルミンガルデ　3)ユディト

- 1)アルパイス（ジラルド家のベゴと結婚）
- 1)アルヌルフ（サンス伯）
- 2)ロタール（エルメンガルデと結婚）
- 2)ピピン（アクイタニア王，リガルデと結婚）
  - ピピン２世
  - カール（マインツの大司教）

- 2)ギセラ（エベルハルトと結婚）
- 2)ルートヴィヒ２世（ババリア王，ユディトの姉妹エンマと結婚）
  - ヒルデガルデ
  - カルロマン（ババリア王）
  - エルメンガルデ
  - ギセラ
  - ルートヴィヒ３世
  - カール３世肥満王
- 2)ロトルデ
- 2)ヒルデガルデ（オーヴェルニュのゲラルドと結婚）
- 3)カール禿頭王　1)ヒルメントルデ　2)リキルデと結婚

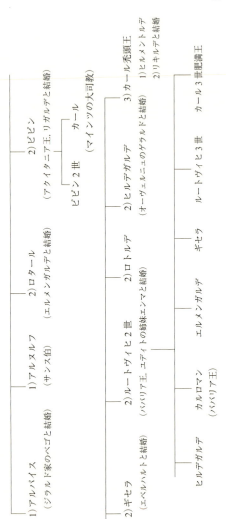